식탁 위의 기후 위기

● 작가의 말

오늘 저녁 메뉴는 '기후 위기'예요!

'기후 변화'란 말을 들어 봤을 거예요. 기후는 무엇이고, 왜 기후가 변한다는 걸까요? 기후는 오랜 시간에 걸쳐 나타난 날씨의 평균적인 상태를 말해요. 기후학자들은 기후를 사람이 가진 성격에, 날씨를 그날그날 바뀌는 기분에 비유해요. 기후는 자연의 법칙 때문에, 또 인간의 활동 때문에 바뀌어 왔어요. 그런데 지구에 문제가 생기고 말았어요.

오늘날 우리가 겪는 기후 변화의 가장 큰 원인은 온실가스예요. 온실가스가 늘어나자 지구 온난화가 빨라지면서 기후가 급격히 변하고 있는 거예요. 빙하가 녹고, 해수면이 상승하는 등 지구 환경이 바뀌면서 가뭄, 폭염, 폭우, 폭설, 한파와 같은 기상 이변이 자주, 더 규모가 크게 일어나고 있어요. 또 산불, 홍수, 태풍과 같은 자연재해의 피해도 갈수록 커지고 있어요. 결국 이 모든 건 우리, 인간 때문에 벌어진 일이에요.

심지어 이제는 '기후 변화'를 넘어 '기후 위기', '기후 재난'이란 무시무시한 말까지 등장했어요. 그만큼 기후 문제가 심각해지고 있다는 의미지요. 그래도 나와는 거리가 먼 다른 나라의 일이라고 생각한다면 바나나 이야기를 들어 보세요.

바나나가 멸종된 사실을 알고 있나요? 당장 마트에 가면 먹음직스러운 바나나가 쌓여 있는데 거짓말하는 거 아니냐고요? 1950년까지 먹던 바나나는 지금 바나나보다 훨씬 달고, 향도 진한 종이었어요. 하지만 곰팡이병 때문에 지구상에서 완전히 사라졌어요. 지금 우리가 먹고 있는 바나나는 전혀 다른 바나나인데, 이마저도 또 다른 곰팡이병 때문에 10년 후에는 멸종될 가능성이 높아요. 바나나가 멸종되는 이유는 바로 지구 온난화와 기후 변화 때문이에요.

비단 바나나만의 이야기는 아니에요. 이 책에서 소개할 초콜릿, 감자튀김, 바닐라 아이스크림, 오렌지 주스, 꿀, 김, 쌀밥 등 우리의 식탁에 오르는 수많은 음식이 위기에 처했어요. 오늘 저녁 식탁에 오른 맛있는 음식을 내일 당장 먹을 수 없게 될지도 몰라요.

어린이 친구들이 이 책의 마지막 장을 덮을 때에는 마음에 변화가 있기를 바라요. 기후를 위해, 지구를 위해, 하물며 맛있는 초콜릿을 위해서라도 좋아요. 기후 위기를 생각하고, 행동하는 우리가 되었으면 해요.

이상 한파로 유난히 추웠던 겨울을 지나 2023년 봄을 기다리며
강미숙

• **차례**

작가의 말 • 4

1장 | 대형 산불과 꿀 오스트레일리아 • 8

조 아저씨네 꿀은 5년간 먹을 수 없어요 • 10
대형 산불이 기후 위기 때문이라고? • 18
꿀벌이 사라진다면? • 20
SOS! 지구를 구해 줘 | 대형 산불을 막고, 꿀벌을 지켜라! • 22

2장 | 가뭄·사막화와 초콜릿 코트디부아르 • 24

카카오나무가 말라 죽어 가요 • 26
가뭄과 사막화가 기후 위기라고? • 34
카카오나무가 사라진다면? • 36
SOS! 지구를 구해 줘 | 가뭄과 사막화를 막고, 카카오나무를 지켜라! • 38

3장 | 대형 사이클론과 바닐라 아이스크림 마다가스카르 • 40

바닐라콩 도둑을 잡아라! • 42
강력해진 사이클론이 기후 위기라고? • 50
바닐라가 사라진다면? • 53
SOS! 지구를 구해 줘 | 대형 사이클론을 막고, 바닐라를 살려라! • 54

4장 | 폭염과 감자튀김 페루 • 56

감자밭이 산속으로 이사 가야 한대요 • 58
폭염이 기후 위기 때문이라고? • 66
감자가 사라진다면? • 68
SOS! 지구를 구해 줘 | 폭염을 막고, 감자를 살려라! • 70

5장 | 해수면 상승과 쌀밥 방글라데시 • 72

해수면이 높아져 농사지을 땅이 사라져요 • 74
해수면 상승이 기후 위기 때문이라고? • 82
쌀이 사라진다면? • 84
SOS! 지구를 구해 줘 | 해수면 상승을 막고, 벼를 살려라! • 86

6장 | 한파와 오렌지 주스 미국 • 88

오렌지가 꽁꽁 얼었어요! • 90
한파가 기후 위기 때문이라고? • 98
오렌지가 사라진다면? • 100
SOS! 지구를 구해 줘 | 한파를 막고, 오렌지를 지켜라! • 102

7장 | 해양 온난화와 김 대한민국 • 104

바다가 뜨거워지면 김이 녹아 버려요 • 106
해양 온난화가 기후 위기라고? • 114
김이 사라진다면? • 116
SOS! 지구를 구해 줘 | 해양 온난화를 막고, 김을 살려라! • 118

1장

대형 산불과 꿀

| 오스트레일리아 |

혜지는 팬케이크를 제일 좋아해요. 잘 구워진 팬케이크에 딸기와 바나나를 올리고 달달한 꿀을 휘리릭 끼얹으면, 한 입만 먹어도 기분이 좋아지지요. 하지만 앞으로 5년간은 혜지가 즐겨 먹던 오스트레일리아 농장의 꿀을 먹을 수 없다고 해요. 도대체 오스트레일리아에서 무슨 일이 일어난 걸까요?

조 아저씨네 꿀은 5년간 먹을 수 없어요

● **꿀벌을 보호하는 오스트레일리아 캥거루섬**

앤은 아침부터 훅 끼쳐 오는 더운 바람에 잠을 깼어요. 며칠째 비가 오지 않아서 새벽부터 푹푹 찌는 더위가 시작됐어요. 창문을 내다보니 작업복을 차려입은 아빠가 어디론가 갈 채비를 하고 있었어요. 앤은 후딱 신발을 꿰 신고 달려 나갔어요.

"아빠! 농장에 가는 거죠? 저도 갈래요."

앤의 아빠는 오스트레일리아의 캥거루섬에서 '조 아저씨네 꿀벌 농장'을 운영해요. 집에서 농장까지는 차로 10분 정도 걸려요. 농장에 가는 동안 앤은 주변을 둘러봤어요. 캥거루섬은 이름처럼 캥거루가 많아요. 캥거루 말고도 바다사자, 코알라, 펭귄 같은 야생 동물이 살고, 야생 꿀벌도 보호하는 섬이에요.

드디어 농장이에요. 앤은 차에서 내리자마자 방충복을 입고 벌통 앞으로 쪼르르 달려갔어요. 벌통을 살피던 아빠가 주변을 두리번거렸어요.

"라벤더꽃이 피기 시작했나 보구나. 벌통에서 라벤더 향이 나네."

"킁킁, 정말이네. 벌은 언제 어디에서 어떤 꽃이 피는지도 알고, 정말 신기해요."

앤은 라벤더 꿀을 모아 오는 벌 사진을 SNS(소셜 네트워크 서비스)에 올려야겠다고 생각했어요. 앤은 아빠가 벌통을 여는 때를 기다렸다가 찰칵 사진을 찍었어요. 앤은 열 살 되던 지난해부터 꿀벌 이야기를 SNS에 올리고 있거든요. 벌을 해충이라고 무서워하는 사람들에게 그

렇지 않다는 걸 알리고 싶기 때문이에요. 그 덕분인지 오스트레일리아말고 다른 나라 사람들도 앤의 사진에 '좋아요'를 누르고, 농장 꿀을 주문하기도 했어요.

그때 '띠링, 띠링' 스마트폰 알람이 울렸어요. 엄마가 보낸 뉴스 링크 문자였어요. 앤은 얼른 링크를 열어 봤어요.

"넉 달째 꺼지지 않는 산불이 아직도 거셉니다. 뉴사우스웨일스주와 빅토리아주에서 난 산불은 오스트레일리아 역사상 가장 큰 산불로 기록될 것으로 보입니다. 2,000채 이상의 주택이 파괴됐고, 10억 마리 이상의 야생 동물과 수십만 마리의 가축이 죽었습니다. 산불로 인한 스모그는 태평양을 넘어서 칠레와 페루까지 다다랐으며……."

뉴스 화면 속에 노랗다 못해 붉은 하늘이 보였어요. 그나마 절반은 회색 안개가 덮여 있어서 아무것도 보이지 않았어요. 앤의 스마트폰을 함께 들여다보던 아빠는 크게 한숨을 쉬었어요.

"어휴, 뉴사우스웨일스주도 양봉을 많이 하는 곳인데 괜찮으려나."

"요즘 들어 산불이 잦아졌어요. 쉽게 꺼지지도 않는 것 같고요."

"맞아. 지구가 점점 더워지고, 가뭄이 심해지니 숲이 바짝 말라서 불이 나기 쉽지. 또 불이 금세 번져서 끄기도 힘들다는구나. 해가 갈수록 산불이 점점 심해져서 걱정이야."

아빠의 말을 들으니 앤도 걱정이 됐어요. 다시 스마트폰 알람이 울렸어요. 앤이 올린 꿀벌 사진에 '좋아요'가 벌써 403개나 달려 있었어요. 앤은 꿀벌 사진을 보며 생각했어요.

'꿀벌들아, 걱정하지 마. 여긴 바다 건너 섬이니까 산불이 여기까지 번지지는 않을 거야. 그리고 내가 지켜 줄게.'

● 산불이 바다 건너 이곳까지!

앤은 아빠의 다급한 목소리에 눈을 떴어요. 잠옷만 입은 아빠가 앤을 깨우고 있었어요. 아직 한밤중인데도, 밖이 훤했어요. 아빠 손에 이끌려 밖으로 나온 앤은 깜짝 놀랐어요. 거대한 불이었어요!

불은 언덕 저 멀리 유칼립투스 숲 위로 긴 헛바닥을 날름거리고 있었어요.

"이, 이게 다 무슨 일이에요?"

숨을 못 쉴 정도로 뜨거운 바람이 세게 불었고, 빨간 불씨가 너울너울 앤의 집까지 날아들었어요. 불씨는 마당이고, 지붕이고 할 것 없이 마구 떨어졌어요. 넋을 놓고 바라보는데, 아빠가 탄 트럭이 마당 앞을 지나고 있었어요. 농장에 가려는 게 분명했어요. 앤은 급하게 아빠 차를 세웠어요. 엄마는 농장에 같이 가겠다는 앤을 말렸어요.

"엄마, 꼭 가야 해요. 꿀벌을 지켜 주기로 했다고요!"

앤은 단호했어요. 아빠는 앤을 말릴 수 없다는 걸 알고 허락했어요.

"여보, 조심히 다녀올 테니 너무 걱정 말고 대피소에서 만납시다."

그제야 엄마가 앤을 놓아줬어요.

트럭이 바람처럼 내달렸어요. 농장 쪽으로 갈수록 공기가 점점 더 뜨거워졌어요. 농장으로 올라가는 삼거리에 다다랐을 때 경찰이 앤이

탄 트럭을 붙들어 세웠어요. 소방차가 네 대나 와 있었고, 차들이 뒤엉켜 있었어요.

"이 이상은 그 누구도 한 발짝도 올라갈 수 없습니다!"

아빠 친구 스티브 경감 아저씨가 소리쳤어요.

"스티브 자네도 알지 않나. 조금만 올라가면 내 벌통이 있어. 길 좀 터 주게. 정말 잠시면 돼."

아저씨는 고개를 가로저었어요. 뜨거운 열기에 앤의 얼굴이 화끈거렸어요. 가만히 있을 수 없던 앤은 안전 펜스 밑으로 고개를 들이밀었어요. 스티브 아저씨가 앤의 뒷덜미를 잡았어요.

"아저씨, 제발요. 꿀벌은 제 가족이에요. 구해야 한다고요. 이러다 꿀벌이 다 죽겠어요!"

"안 된다, 앤! 위쪽은 불길이 세서 소방대원들도 위험한 상황이야."

아저씨 얼굴이 잔뜩 굳었어요. 아빠 농장 위에서 양을 키우는 제니퍼 아주머니는 바닥에 주저앉아 흐느껴 울고 있었어요. 앤의 귀에는 불타는 소리가 꿀벌과 양의 울음소리처럼 들렸어요. 앤은 두 손으로 귀를 틀어막았어요.

대피소로 향하는 차 안에서 앤은 자꾸만 농장 쪽을 돌아봤어요. 들판에는 캥거루 떼와 왈라비 떼가 뛰고 있었어요. 모두 다 불을

피해 같은 방향으로 힘껏 달리고 있었어요.

"아빠, 도대체 왜 불이 난 거예요?"

"어제 뉴스에서 본 산불 기억하지? 그 불씨가 건조한 바람을 타고 우리 섬까지 번졌다고 하더구나. 산불이 이렇게 손쓸 수 없을 정도로 커진 건 모두 지구 온난화 때문이야. 이 아름답던 캥거루섬에 기후 위기가 닥칠 줄이야. 제발 벌이 무사해야 할 텐데……."

불이 바다를 건너다니. 앤은 모든 게 믿기지 않았어요.

● 자연이 회복하는 데 필요한 시간, 5년

불은 캥거루섬의 절반을 태우고서야 겨우 멈췄어요. 비가 내리면서 불이 완전히 꺼졌다는 소식이 들려오자 앤과 부모님은 부랴부랴 농장으로 향했어요. 산불이 휩쓸고 간 섬은 낯설었어요. 도로 양편으로 무성했던 나무들은 숯덩이가 되었고, 정체 모를 검은 물체가 곳곳에 흩어져 있었어요. 엄마는 미처 피하지 못한 캥거루나 코알라 같다고 했어요. 앤은 눈을 질끈 감았어요.

차가 천천히 꿀벌 농장으로 들어서자 앤에게서 외마디 비명이 터져 나왔어요.

"아아!"

새하얗던 벌통들이 까맣게 그을려 있었고, 절반은 흔적도 없이 사라져 버렸어요. 앤은 조심조심 벌통 앞으로 다가갔어요. 요란스러운 꿀벌 소리가 들리지 않았어요. 바닥에는 죽은 꿀벌들이 나뒹굴고 있었어요. 앤은 다리가 덜덜 떨려 털썩 주저앉고 말았어요.

"흑, 흑. 미안해. 정말 미안해……."

앤은 말을 잇지 못했어요. 한참을 울던 앤은 자리에서 일어났어요. 그리고는 스마트폰을 꺼내 불에 탄 벌통 사진을 찍기 시작했어요. 산불이 이렇게 무섭다는 걸 알려야 했어요. 다른 사람들도 지구 온난화 때문에 일어나는 기후 위기를 알아야 했어요.

앤은 거대한 산불 때문에 꿀벌이, 숲이 죽어 가는 현실을 모든 사람에게 알리고 싶었어요.

대형 산불이 기후 위기 때문이라고?

무려 6개월 동안 계속된 오스트레일리아 산불

2019년 오스트레일리아는 산불로 큰 피해를 입었어요.

2019년 9월 오스트레일리아 남동부 해안을 중심으로 산불이 났어요. 9월 2일에 시작된 불은 6개월 뒤인 2020년 2월 13일까지 꺼지지 않고 이어졌어요. 그 결과 서울 면적의 100배나 되는 지역이 불에 타 버려, 10만 명 이상의 사람들이 집을 버리고 대피해야 했어요. 또한 캥거루, 코알라, 왈라비 등 10억 마리 이상의 야생 동물은 불을 피하지 못하고 죽었어요.

문제는 여기에 그치지 않았어요. 이 불씨는 바람을 타고 캥거루섬까지 날아가 섬의 절반을 태웠어요. 캥거루섬은 제주도보다 2배 정도 큰 섬인데, 절반이 탔으니 제주도가 통째로 타 버린 셈이에요. 한 나라의 산불이 이렇게 오래 이어진 일은 이때가 처음이었어요. 오스트레일리아 산불은 그 나라만의 문제가 아니라 세계적인 재난이었어요. 불로 인한 스모그가 이웃한 뉴질랜드는 물론 태평양 건너 남아메리카에도 영향을 주었거든요.

캥거루섬 산불의 원인, 인도양 쌍극자 현상

오스트레일리아 산불은 왜 일어난 걸까요? 2000년부터 2020년까지 21년 동안 인도양의 해수면 온도 변화를 분석해 봤어요. 인도양은 오스트레일리아와 아프리카 사이에 있는 거대한 바다예요. 이 분석으로 오스트레일리아에 불이

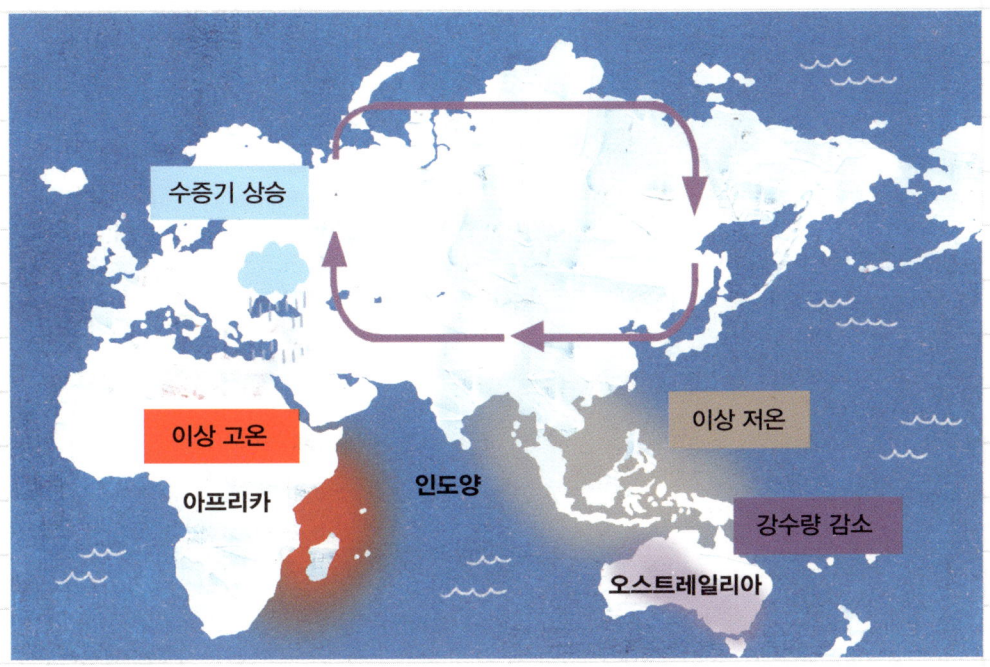

인도양 쌍극자 현상

난 2019년에 인도양의 왼쪽과 오른쪽의 수온 차가 매우 심하다는 걸 발견했어요. 인도양 왼쪽에 있는 아프리카 쪽 바다는 예전보다 1~2도가 높았고, 오른쪽에 있는 오스트레일리아 쪽 바다는 1~2도가 낮았어요.

이렇게 인도양의 동쪽과 서쪽의 온도 차이가 극심한 현상을 '인도양 쌍극자 현상'이라고 해요. 이 현상은 지구 온난화 때문에 생긴 기상 이변이에요. 바다의 온도 차가 심한 게 무슨 문제일까 싶겠지만 이것 때문에 오스트레일리아에는 오랫동안 비가 내리지 않고 건조한 바람이 계속 불었어요. 산불은 가뭄과 강풍을 만나면 힘이 엄청 세져요. 그래서 오스트레일리아 산불은 걷잡을 수 없이 번졌고, 오랫동안 계속됐어요.

대형 산불이 우리나라에도?

2000년 4월 7일 강원도 고성에서 산불이 났어요. 불은 꺼지지 않고 4월 15일까지 내리 191시간 동안 계속되어 고성은 물론이고, 삼척, 동해, 강릉, 경상북도 울진까지 번졌어요. 이 불로 축구장 약 3만 3,513개 넓이인 2만 3,794헥타르의 숲이 불탔어요.

2005년에는 강원도 양양에 산불이 났어요. 이 산불은 4월 4일부터 6일까지 이어졌고, 소중한 문화재인 낙산사를 전부 태웠어요. 2022년 3~4월에는 강원도와 경상북도 곳곳에서 동시에 산불이 났어요. 이 중 경상북도 울진과 강원도 삼척 산불은 213시간 동안 계속돼 큰 피해를 일으켰어요. 강원도 강릉과 영월의 산불 피해까지 포함하면 서울 면적의 3분의 1이 넘는 숲이 까만 숯덩이가 되고 말았어요.

최근 유엔 환경 계획은 산불이 더 심해질 것이라고 경고하고 있어요. 대형 산불이 2030년까지 최대 14퍼센트, 2050년까지 30퍼센트, 21세기 말인 2099년까지 50퍼센트 더 늘어날 거래요. 대형 산불은 기후 위기를 넘어선 기후 재난으로 다가오고 있어요.

 ## 꿀벌이 사라진다면?

지구가 배고파져요

꿀벌은 꿀만 모으는 게 아니라, 이 꽃 저 꽃 날아다니며 꽃가루를 옮겨요. 덕분에 식물은 열매를 맺고, 씨앗을 퍼트려 번식할 수 있어요. 전 세계 식량의 90퍼센트를 차지하는 100대 농작물의 70퍼센트가 꿀벌이 꽃가루를 옮겨서 생산되고 있어요.

만약 지구상에서 꿀벌이 사라지면 어떻게 될까요? 달콤한 꿀만 못 먹게 되는 걸까요? 꿀벌이 꽃가루를 옮겨야 생산되는 채소, 과일, 견과류의 수도 크게 줄

꿀벌은 세계 식량에 큰 영향을 미쳐요.

어들 거예요. 이렇게 식물의 개체 수가 줄어들면, 이 식물을 먹는 초식 동물에게도 영향이 미쳐요. 예를 들어, 풀을 뜯어 먹고 우유를 만드는 소도 먹을 게 없어지지요. 결국 꿀벌이 사라지면 전 세계가 엄청난 식량난에 빠지게 될 거예요. 이런 일이 벌어지지 않도록 사람들은 꿀벌을 보호하기 위해 나섰어요. 오스트레일리아 캥거루섬은 세계에서 가장 먼저 야생 꿀벌을 위한 꿀벌 보호 구역을 만든 곳이에요.

꿀벌 100억 마리가 실종됐어요

농촌 진흥청은 2022년에 우리나라에서 100억 마리의 꿀벌이 죽거나 사라졌다고 발표했어요. 양봉 농가는 울상이 되었지요. 꿀벌이 사라진 이유는 무엇일까요? 꿀벌이 살 수 있는 자연이 줄고, 살충제를 사용하는 등 여러 가지 이유가 있어요. 그런데 가장 직접적인 원인은 지구 온난화예요.

지구 온난화로 꽃이 피는 시기가 바뀌고, 꽃이 필 확률이 낮아지면서 꿀벌의 먹이가 줄어들었어요. 또 지구 온난화 때문에 생긴 기후 변화가 꿀벌의 목숨을 위협하고 있어요. 날이 따뜻해지다 보니 꿀벌이 일찍 활동을 시작했다가 꽃샘추위에 얼어 죽기도 해요. 여기에 비가 자주 내리면 꿀을 따러 나갔다가 돌아오지 못하는 꿀벌도 생겨요. 오스트레일리아처럼 산불에 타 죽는 꿀벌은 일부예요. 기후 변화는 꿀벌의 생존에 직접적인 영향을 끼쳐요.

| SOS! 지구를 구해 줘 |
대형 산불을 막고, 꿀벌을 지켜라!

산불을 막는 숲을 만들어요

　우리나라 산에서 가장 많이 볼 수 있는 나무는 소나무예요. 우리나라 사람들은 옛날부터 소나무를 좋아해서 숲에도, 정원에도 많이 심었어요. 하지만 소나무는 불이 잘 붙는 성질이 있어서 작은 불씨에도 금세 타 버리고 말아요. 그래서 소나무로만 이뤄진 숲에 불이 나면 대형 산불이 되기 쉬워요.

　환경 운동 연합이라는 단체에서는 대형 산불을 막기 위해 새로운 숲 가꾸기를 제안하고 있어요. 소나무 숲에 낙엽 활엽수를 심자는 거예요. 낙엽 활엽수란 잎이 넓어서 가을, 겨울이면 잎이 떨어지는 나무를 말해요. 참나무와 은행나무가 대표적이지요. 낙엽 활엽수는 줄기에 수분이 많아 쉽게 불이 붙지 않아서 산불이 주변으로 번지는 걸 막아 줘요.

도시 양봉으로 꿀벌을 지켜요

도시 양봉은 생태계를 살릴 수 있어요.

도시에서 꿀벌을 기르는 일을 도시 양봉이라고 해요. 도시 양봉은 기후 변화를 막고 꿀벌 수가 줄어드는 문제를 해결하려고 시작됐어요. 도시에서 벌을 키우며 벌의 수를 늘리면, 도시의 생태계도 회복될 수 있어요. 도시 양봉은 전 세계로 퍼져 나가고 있어요.

우리나라에서도 도시 양봉을 하고 있어요. 도시 양봉 기업 '어반 비즈 서울'은 어린이, 청소년, 어른을 대상으로 다양한 양봉 체험 수업을 진행해요. 개인이나 학교, 기업에서 벌을 키울 수 있는 교육도 함께 벌이고 있어요.

도시 양봉을 하면 생태계를 보호할 뿐 아니라 맛있는 꿀도 얻을 수 있어요. 혹시 도시 꿀에는 안 좋은 성분이 있지 않을까 걱정할 필요는 없어요. 도시 꿀과 일반 꿀을 비교하는 실험을 해 보니 두 꿀의 성분은 전혀 차이가 없었어요. 눈을 가리고 맛을 보는 테스트에서는 심지어 도시 꿀이 맛있다는 사람이 더 많았어요.

2장

가뭄·사막화와 초콜릿

| 코트디부아르 |

수제 초콜릿을 사러 단골 상점에 간 혜지는 가격표를 보고 깜짝 놀랐어요. 한 달 사이에 가격이 만 원이나 올랐거든요. 혜지는 가격표가 잘못 붙은 게 아닌지 사장님께 물었어요. 사장님은 초콜릿의 원료가 카카오 콩인데, 그 콩이 가장 많이 나는 아프리카의 코트디부아르에 심각한 가뭄이 들어서 그렇게 된 거라고 했어요. 도대체 코트디부아르에서는 무슨 일이 일어난 걸까요?

카카오나무가 말라 죽어 가요

● **목이 마른 카카오나무**

발로는 학교에 갈 준비를 하고 있었어요. 가방은 없지만, 노트 한 권이랑 연필 두 자루를 챙겨서 집을 나섰어요. 밖으로 나오니 햇볕이 유난히 따갑게 쏟아졌어요. 발로가 사는 아프리카 서쪽 코트디부아르는 12월이 비가 적게 내리는 건기인데, 올해는 유난히 더 비가 안 내렸어요. 발로는 언제 비가 왔는지 떠올리다 말았어요. 한 달, 두 달도 넘은 것 같았거든요.

목이 너무 마른 발로는 조금 돌아가야 하지만 먼저 마을 우물로 향했어요. 고작 집에서 마을 우물까지 내려왔을 뿐인데 옷이 땀으로 흠뻑 젖어 버렸어요. 우물에는 발로의 아빠가 물을 긷고 있었어요. 발로는 일찍 농장에 나간 아빠가 왜 우물에 있는지 궁금했어요.

"아빠도 목이 말라서 온 거예요?"

한참 물을 긷던 아빠가 발로를 보고 손을 흔들었어요.

"나보다 농장의 카카오나무들이 목이 마르다고 아우성이라, 우물물이라도 길어다 주려고 나왔단다."

코트디부아르의 달로아주는 카카오나무를 많이 재배해요. 발로네도 작은 카카오 농장을 하고 있어요. 발로네는 카카오의 씨앗인 카카오 콩을 판 돈으로 생활했어요. 카카오나무는 발로 가족에게 전 재산이나 마찬가지였어요. 발로도 카카오나무 덕분에 학교에 다닐 수 있다는 것쯤은 알고 있었어요. 그래서 카카오나무가 잘못되는 일은 절대 없어야 했어요.

"저도 도울게요. 오늘은 학교에 조금 늦어도 돼요."

아빠가 말릴 틈도 없이 발로는 물이 가득 담긴 물통 하나를 집어 들었어요. 그리고는 성큼성큼 농장으로 올라갔어요.

눈앞에 펼쳐진 농장의 풍경에 발로는 깜짝 놀랐어요. 카카오나무 이파리가 눈에 띄게 줄어든 게 아니겠어요? 심지어 남아 있는 이파리마저 힘이 하나도 없이 시들시들했어요. 이제 막 심은 어린 나무들은 앙상하게 가지만 남아 있었어요. 그뿐이 아니었어요. 이즈음 주렁주렁 달려 있어야 할 카카오가 눈에 띄지 않았어요.

"아빠, 이게 다 무슨 일이에요?"

"지난해도, 지지난해도 가물었지만, 올해처럼 비가 안 내리긴 처음이구나. 카카오나무는 물이 풍족해야 잘 크는데 가뭄에 버티질 못하

고 죽어 가고 있어. 그런데 손 쓸 방도가 전혀 없구나."

발로는 지체할 수 없었어요. 얼른 가까이 있는 나무에 물을 들이붓고는 빈 통을 들고 쏜살같이 우물을 향해 달렸어요.

● **가뭄 때문에 먹을 물도 없어요**

다음 날도, 그다음 날도 발로는 매일 학교에 다녀온 뒤에 말라 죽어 가는 카카오나무에 우물물을 뿌려 주었어요. 하지만 발로의 노력에도 카카오나무는 달라질 기미가 보이지 않았어요. 사흘째 되는 날에 아빠는 이제 우물물을 그만 주자고 말했어요.

"발로야, 마을에서 우물물을 농사에 쓰지 말라고 결정했단다."

아빠는 어렵게 말을 꺼냈어요. 여기저기서 우물물을 길어 가는 바람에 우물이 말라 버릴 지경이라고 했어요. 발로는 카카오 농사를 망쳐서 학교에 다니지 못할까 봐 걱정이 됐어요. 아니, 먹을 것조차 못 구할지도 몰랐어요.

다음 날 학교에 간 발로의 머릿속에는 온통 카카오나무 생각뿐이었어요. 선생님은 수업에 집중하지 못하는 발로에게 질문을 했어요.

"발로! 25 더하기 7의 답을 이야기해 볼까?"

당황한 발로의 입에서 엉뚱한 말이 튀어나와 버렸어요.

"가뭄이요!"

"가뭄? 25 더하기 7의 답은 아닌 것 같구나. 왜 가뭄이라고 한 건지 말해 볼래?"

발로는 속상한 마음을 털어놓았어요. '와하하' 웃음을 터트렸던 친구들도 하나둘씩 고개를 끄덕이기 시작했어요. 발로의 이야기를 듣고 난 선생님은 뜻밖의 이야기를 들려주셨어요.

"가뭄 때문에 다들 걱정이 많구나. 가뭄은 우리만의 문제가 아니라 아프리카 대륙, 나아가 지구 곳곳에서 큰 문제가 되고 있단다."

선생님은 이웃한 나라의 기후 난민에 대해서도 들려주셨어요. 마실 물이 부족해서 다른 나라로 떠날 수밖에 없는 사람들도 있다고요. 발로는 물이 없어 집을 떠난다고 생각하니 눈앞이 캄캄했어요.

"선생님, 그런데 가뭄은 왜 생겨요?"

"비가 적게 내리는 게 가장 큰 이유지만, 지구가 점점 더워지면서 가뭄이 심해지고 있지. 또 물을 저장하는 숲이 사라지는 것이나 사람들이 물을 함부로 사용하는 것도 영향을 미친단다."

선생님은 가뭄이 계속되면 땅이 황폐해지고, 결국 사막으로 변할 수밖에 없다며 안타까워했어요. 사막은 동물은 물론, 식물도 살기 힘든 땅이라고 설명해 주셨어요. 그때 발로의 머릿속에 떠오르는 게 있었어요. 더 많은 카카오나무를 심으려고 아빠가 숲에 있는 다른 나무를 베어 냈거든요. 숲이 사라진 것도 가뭄의 원인이 된다니 발로는 한시라도 빨리 아빠에게 이 사실을 말해 주고 싶었어요.

● 가뭄 때문에 카카오나무에 곰팡이가 생겨요

발로는 학교가 끝나기 무섭게 농장으로 향했어요. 아빠는 마을 아저씨들과 이야기를 나누고 있었어요. 어른들의 표정이 어두워서 발로는 선뜻 하고 싶은 말을 할 수가 없었어요. 발로는 조용히 아빠 옆에 섰어요. 아빠는 턱을 문지르며 무언가를 보고 있었어요.

"정말 곰팡이일까? 이런 건 처음 봐서……."

아빠는 자신이 없는 듯 말끝을 흐렸어요. 그때 안경을 낀 아저씨가 신문을 펼쳐 내밀었어요.

"이 사진을 좀 봐. 가뭄 때문에 '카카오나무의 전염병'이라 불리는 곰팡이가 돌고 있다는 거야. 이 곰팡이는 가물수록 더 잘 퍼진대. 곰팡이를 막는 방법은 병든 나무를 잘라 내는 수밖에 없다고 쓰여 있어."

이번에는 수염을 기른 아저씨가 말했어요.

"비가 안 오니 건조한 바람을 타고 곰팡이가 퍼져서 나무가 병들 줄이야. 도대체 비는 언제 내릴까?"

궁금해진 발로가 어른들 사이를 비집고 들어가 신문을 들여다봤어요. 사람들이 카카오나무를 베고 있고, 썩은 카카오가 나뒹구는 사진이었어요. 사진을 보던 아빠는 눈을 질끈 감았어요.

아저씨들은 하루라도 빨리 발로네 카카오나무를 베어야 한다고 입을 모아 얘기했어요. 아빠는 아무 말도 하지 않았어요. 발로는 왜 아빠가 아니라고, 안 된다고 하지 않는지 답답했어요.

"우리 농장엔 곰팡이 따윈 없다고요! 비가 안 와서 시든 거예요!"

발로가 소리를 버럭 질렀어요. 그때 아빠가 발로의 손을 잡으며 조용히 한 나무를 가리켰어요. 그런데 그 나무에 정말 신문에서 본 것과 똑같은 얼룩이 있는 게 아니겠어요? 가뭄 때문에 카카오나무가 말라 죽는 것도 억울한데 곰팡이병이라니, 발로는 믿을 수가 없었어요.

"에이, 이건 새똥이 말라서 그런 거잖아요."

발로는 옷자락을 끌어당겨 나무의 얼룩을 문질렀어요. 얼룩은 지워지기는커녕 옆으로 번졌어요. 이번에는 돌멩이를 쥐고 얼룩을 문질러 봤어요. 얼룩은 점점 더 짙어졌어요. 발로는 돌멩이를 쥔 손에 힘을 잔뜩 주고는 얼룩을 내리쳤어요. 발로의 손톱에 돌멩이가 끼어 버렸어요. 손톱 밑에서 붉은 피가 뚝뚝 떨어졌지만 얼룩은 그대로였어요.

"이제 그만하면 됐다, 발로."

놀란 아빠가 발로의 손을 잡았어요. 발로는 아픈 줄도 몰랐어요. 억울하기만 했어요. 아무리 우물물을 길어다 줘 봤자 지금처럼 비가 오지 않으면 카카오나무는 말라 죽거나, 병들어 죽을 게 뻔했으니까요. 발로는 답답한 마음에 하늘을 올려다 봤어요. 비가 내릴 기미가 전혀 보이지 않았어요. 발로는 손에 있는 돌을 있는 힘껏 하늘로 던져 버렸어요. 비 대신 발로의 눈물이 뚝뚝 흘러내렸어요.

가뭄과 사막화가 기후 위기라고?

코트디부아르의 열대 우림이 마르고 있어요

 아프리카 대륙의 서쪽에 있는 코트디부아르의 해안가에는 싱그러운 열대 우림이 펼쳐져 있어요. 이곳에는 수많은 강이 흐르고, 비가 많이 내려 고온 다습한 열대성 기후가 나타나요. 카카오나무는 이런 기후에서 잘 자라요.

 그런데 수십 년째 코트디부아르는 가뭄에 시달리고 있어요. 원래 비가 적게 내리는 건기는 11월에서 3월까지지만, 점점 건기가 길어지는 이상 기후가 나타난 거예요. 그 탓에 평소보다 강수량이 많이 줄어들었고, 물이 많이 필요한 카카오나무는 잘 자라지 못하게 됐어요. 당연히 카카오도 덜 열렸고, 카카오 콩의 가격은 계속 오르고 있어요.

코트디부아르에는 왜 가뭄이 생겼을까

육지와 바다는 온도 차이가 있어서 공기가 이동해요.

 코트디부아르가 점점 더 가뭄에 시달리는 이유는 열대 바다의 온도가 높아졌기 때문이에요. 그런데 이상하죠? 바다 온도가 높아졌는데 왜 비가 내리지 않는 걸까요?

 비가 내리려면 커다란 공기 덩어리인 대기가 순환해야 해요. 바다에서 증발한 물방울을 머금은 공기가 육지로 이동하면, 비가 되어 내려요. 바다와 육지의 온도 차이가 크면 바람이 불어 공기가 쉽게 이동하지만, 바다 온도가 올라가면 그렇지 못해요. 공기가 이동하지 못하면 비가 내리지 않아 나무들은 말라 죽을 수밖에 없어요. 바다 온도가 올라가는 데는 여러 가지 이유가 있지만, 가장 큰 원인은 지구 온난화예요.

가뭄이 사막화의 원인이래요

가뭄으로 많은 땅이 사막화되고 있어요.

땅은 가장 중요한 물 저장소예요. 비가 내리지 않으면 이 물 저장소가 텅 비게 돼요. 가뭄이 오랫동안 지속되면 땅은 동식물이 살 수 없을 정도로 황폐해지는데 이것을 사막화라고 해요.

매년 12만 제곱킬로미터나 되는 땅이 가뭄과 사막화로 식물이 자라지 않는 곳이 되고 있어요. 우리나라 면적이 10만 제곱킬로미터인데, 우리나라보다 넓은 땅이 사막이 되는 거예요. 가뭄은 예측하기 매우 어려워서 지진이나 태풍보다 피해가 훨씬 더 커요.

세계 곳곳이 가뭄에 시달리고 있어요. 100년 만의 가뭄이 닥친 브라질은 아마존 열대 우림의 일부가 줄어들고, 농작물의 생산량도 줄었어요. 아프리카 동부의 에티오피아, 케냐, 소말리아에도 3년째 우기에 비가 내리지 않고 있어요. 이들 지역의 1,300만 명의 사람들이 물을 찾아 이동하는 바람에 부족 간 다툼도 일어나고 있어요.

2025년이면 18억 명에 이르는 사람들이 가뭄이나 사막화 때문에 물 부족을 겪게 될 거라고 해요. 이 상태가 지속되면 2030년에는 5,000만 명이 가뭄과 사막화 때문에 살던 곳을 떠나야 하는 기후 난민이 돼요.

가뭄과 사막화가 우리나라에도?

기상청에서 2021년 겨울철 기후를 분석했더니 2021년 12월에서 2022년 2월까지, 3개월 동안 전국에 내린 비는 고작 13.3밀리미터였어요. 정상이라면 90밀리미터는 내려야 하지요. 이것은 강수량 통계를 작성하기 시작한 이후에 가장 적게 내린 비예요. 50년 만에 닥친 최악의 가뭄은 잦은 산불을 일으켰고, 농부들에게 큰 근심을 안겼어요.

우리나라에 가뭄이 없었던 것은 아니에요. 하지만 1950년 이후부터 가뭄이 발생하는 횟수가 늘고, 가뭄의 정도가 심해지고 있어요. 최근에는 갑자기 시작되어 며칠이나 몇 주 만에 땅을 메마르게 만드는 '돌발 가뭄'도 잇따라 일어나고 있어요. 돌발 가뭄은 짧게 지나가지만, 농작물이 쑥쑥 자라야 할 시기에 들면 농가에 막대한 피해를 입혀요. 우리나라에서 일어나고 있는 겨울 가뭄과 돌발 가뭄은 모두 세계 곳곳에서 나타나는 이상 기후 중 하나예요.

카카오나무가 사라진다면?

초콜릿 가격이 올라요

카카오나무의 열매는 카카오예요. 카카오 안에는 40~60개의 씨앗, 카카오 콩이 들어 있어요. 초콜릿은 이 카카오 콩으로 만들어요. 카카오 콩을 발효시킨 후 볶아서 빻은 가루에 설탕, 우유 등을 넣어 굳히면 우리가 먹는 초콜릿이 되지요.

카카오나무는 기원전 1500년경부터 중앙아메리카에서 재배됐어요. 고대 마야 사람들은 카카오 콩을 화폐나 약으로 사용할 정도로 귀하게 여겼어요. 이후 카카오나무는 중앙아메리카에서 유럽으로, 다시 유럽에서 아프리카로

카카오 콩은 초콜릿의 원료예요.

전해졌어요.

지금은 전 세계에서 코트디부아르가 카카오 콩을 가장 많이 생산하는데, 이곳의 기후에 문제가 생겼어요. 기온이 점점 더 높아지고 지독한 가뭄이 계속되고 있어요. 이런 추세라면 50년 후에 코트디부아르는 카카오나무가 자라는 데에 적합하지 않은 기후가 된다고 해요.

기후 변화를 예측하는 단체에서는 2050년이면 전 세계의 카카오나무 숲이 지금의 10분의 1정도만 남을 거라고 해요. 카카오나무가 이렇게 줄어들면 초콜릿으로 만드는 모든 디저트의 가격이 매우 오를 거예요.

곰팡이 때문에 카카오나무가 병들고 있어요

곰팡이병에 걸린 카카오나무

가뭄은 카카오나무에게 물을 빼앗았을 뿐 아니라 곰팡이병을 퍼트렸어요. 곰팡이는 습한 환경을 좋아한다고 알려져 있지만, 카카오나무에 생기는 곰팡이는 건조한 환경을 좋아해요.

1990년대 초 브라질에서는 카카오나무의 80퍼센트가 곰팡이가 일으킨 빗자루병으로 죽었어요. 가뭄이 계속되는 아프리카의 카카오나무 숲도 마찬가지로 곰팡이병에 시달리고 있어요.

결국, 지구 온난화 때문에 생긴 가뭄과 곰팡이가 카카오나무 숲을 없애고 있는 거예요.

| SOS! 지구를 구해 줘 |
가뭄과 사막화를 막고, 카카오나무를 지켜라!

사막화를 막아 주는 세네갈의 원형 정원

지구 온난화가 계속되면서 아프리카 사하라 사막의 남부가 건조해졌고 점점 사막이 넓어지고 있어요. 그래서 아프리카 사람들은 사막화를 막기 위해 노력하고 있어요.

사하라 사막 근처에 있는 나라 세네갈에서는 원형 정원 사업을 벌이고 있어요. 농촌 지역의 마을마다 컴퍼스로 그린 것 같은 원 모양의 숲을 하나씩 만드는 거예요.

숲을 왜 원형으로 만드는지 궁금하지 않나요? 이 지역은 건조한 곳이라 물을 효과적으로 써야 해요. 나무를 둥글게 심으면 땅속의 뿌리들이 안쪽으로 모이고, 서로 얽히게 돼서 물이 낭비되는 것을 막을 수 있어요. 농부들은 원형 숲에 더위와 가뭄에 잘 버티는 파파야와 망고를 심었어요. 결과는 대성공이었어요. 사막화도 막고, 식량도 생산할 수 있는 세네갈의 원형 정원 사업은 사막화를 막는 좋은 사례로 평가받고 있어요.

공정 무역으로 카카오나무를 살려요

공정 무역 초콜릿

공정 무역은 생산자와 노동자는 정당한 대가를 받고, 소비자는 질 좋은 제품을 얻기 위해 서로 협력하는 활동이에요. '착한 소비'라고도 부르지요.

공정 무역 제품을 만드는 기준에는 '환경'도 포함돼요. 유전자 조작을 하지 않은 농작물을 재배하는 것은 물론이고, 농약을 쓰지 않고 자연을 보호하면서 만들어야 진짜 공정 무역 제품이라 할 수 있어요.

초콜릿에도 공정 무역 제품이 있어요. 공정 무역 초콜릿을 구입하면, 생산자는 자연 환경을 보호하기 위해 더욱 노력할 수 있어요. 예를 들어, 공정 무역으로 정당한 대가를 받은 농부들은 카카오나무를 더 많이 심기 위해 다른 나무를 베지 않아도 돼요. 그만큼 숲을 보호할 수 있는 거예요. 숲의 나무가 많으면 시원한 그늘이 많아 카카오나무가 잘 자랄 수 있고, 나무가 저장하는 물도 충분하니 가뭄으로 인한 피해도 줄일 수 있어요.

또한 공정 무역 단체는 소비자와 생산자에게 계속해서 기후 변화를 막는 방법을 알려 주고, 탄소를 줄이는 활동을 진행하고 있어요. 이렇게 공정 무역 초콜릿을 구입하는 것으로도 기후 위기를 막는 데 도움을 줄 수 있어요.

3장

대형 사이클론과 바닐라 아이스크림

| 마다가스카르 |

단비는 가장 좋아하는 바닐라 아이스크림을 사러 다니고 있어요. 편의점 다섯 곳을 돌았지만, 하필 바닐라 아이스크림만 품절이었어요. 결국 집에서 가장 먼 곳까지 왔지만 또 허탕이었어요. 점원에게 물으니 당분간은 바닐라 아이스크림을 구하기 힘들 거라고 했어요. 바닐라 아이스크림의 재료인 바닐라콩을 생산하는 마다가스카르에 엄청난 비가 쏟아졌기 때문이래요. 도대체 마다가스카르에는 무슨 일이 벌어진 걸까요?

바닐라콩 도둑을 잡아라!

● **지붕까지 뜯어 간 마다가스카르의 사이클론**

"휘이이잉, 휘이잉."

치오리와 동생은 함께 창밖을 내다보고 있었어요. 비바람이 거칠게 날뛰었어요. 야자나무는 반으로 구부러져 뽑혀 나갈 듯 휘청거렸고, 비는 쉬지 않고 들이부었어요. 어느새 길은 강이 흘러넘쳐서 온데간데없이 사라졌어요. 강물에는 나뭇가지며 지붕, 자전거 따위가 한데 뒤엉켜 떠내려갔어요. 치오리는 이렇게 무시무시한 사이클론은 처음이었어요.

갑자기 문이 '쾅' 하고 열리는 동시에 비바람이 집 안으로 들이쳤어요. 놀란 동생은 얼른 치오리 품에 얼굴을 파묻었어요.

"치오리 엄마! 우리 집 지붕이 날아갔어요. 피할 곳이 없어서 급하게 이리로 왔어요."

"어머나! 어서 들어와요."

모두앙 가족이 비에 흠뻑 젖은 채 들어왔어요. 치오리 엄마는 얼른 닦을 것을 가져다주었어요. 치오리는 잔뜩 겁에 질려 오들오들 떨고 있는 모두앙의 손을 잡아 주었어요. 치오리와 모두앙은 둘도 없는 친구 사이예요.

"아까 지붕 날아갈 때 소리가 어찌나 크던지 오줌이 찔끔 나올 정도였다니까!"

"진짜? 너무 무서웠겠다. 그런데 너희 아빠도 바닐라밭에 가셨어?"

모두앙이 고개를 끄덕였어요.

치오리와 모두앙은 마다가스카르에 살아요. 마다가스카르는 아프리카에 있는 섬나라인데, 품질 좋은 바닐라콩이 나는 것으로 유명해요. 바닐라콩은 바닐라 맛 아이스크림이나 빵을 만들 때 꼭 필요한 재료여서 여러 나라로 불티나게 팔려요. 치오리와 모두앙 가족도 바닐라 농사를 지으며 살고 있어요. 그런데 마다가스카르에 사이클론이 불어닥치자 아빠들은 바닐라를 살펴보겠다며 비바람을 뚫고 밭으로 달려간 거예요.

아이들은 걱정스러운 눈빛으로 밖을 내다봤어요. 아까보다 비바람이 더 거칠어진 것 같았어요. 엄마들도 걱정되기는 마찬가지였어요.

"바닐라콩이 남아나질 않겠어요. 이제 막 달리기 시작했는데……."

치오리 엄마의 말에 모두앙 엄마는 한숨을 푹 쉬며 이야기했어요.

"휴, 말려 둔 바닐라콩도 물에 젖을까 봐 걱정이에요."
치오리가 엄마에게 말했어요.
"엄마, 작년보다 사이클론이 더 세진 것 같아요."
"엄마 생각도 그래. 그런데 앞으로는 이보다
더 강한 사이클론이 올 수도 있다는구나."
치오리와 모두앙은 깜짝 놀랐어요.
지금도 집이 날아갈 것 같은데 더
센 사이클론이라니, 생각만 해도
끔찍했어요.
"왜 사이클론이 세지는 거
예요?"
"사이클론은 바다에서 힘
을 얻어. 그런데 이상 기후
가 생기면서 바다에서 수증
기가 점점 많이 증발하다 보
니, 사이클론의 세력이 더 커진
다고 하는구나."
"선생님도 그런 말씀을 해 주셨어
요. 어떤 나라에는 가뭄이 심하고, 어
디서는 얼음이 녹아 내리고, 바다에 가라
앉는 섬나라도 있는데, 그게 다 기후 변화로 생

긴 재난이라고요."
치오리의 말이 끝나기가 무섭게 우지끈하며 앞마당의 야자나무가 부러졌어요. 겁에 질린 동생들이 하나둘씩 울음을 터트렸어요. 치오리와 모두앙은 동생들을 달래며 어서 사이클론이 지나가기만을 바랐어요.

● **바닐라콩 도둑은 바로?**
사이클론이 휩쓸고 간 마을은 쑥대밭이 되었어요. 집과 건물은 부서졌고 뽑힌 나무가 여기저기 나뒹굴었어요. 강물이 넘쳐흐른 논과 밭은 구분이 안 될 정도로 망가져 버렸어요. 모두앙네 지붕은 마을

입구에서도 멀찍이 떨어진 바오바브나무 옆에서 발견됐어요.

치오리와 아빠는 당장 잘 곳이 없는 모두앙네 집수리를 돕기로 했어요. 지붕을 고치던 아빠들 사이에서 심각한 이야기가 오갔어요.

"자네, 바닐라콩 도둑 이야기 들었나? 농사를 망치니 살길은 없어졌지, 바닐라콩 가격은 하루가 다르게 오르지, 그래서 도둑질까지 하나 보더라고."

"어쩌다가 평화로운 마다가스카르가 이 지경이 된 건지……."

치오리 아빠 얼굴이 붉게 달아올랐어요.

"이게 다 기후 변화 때문이지. 자연이 너무 화가 나서 우리를 벌주는 것 같아."

그날 이후 치오리 아빠는 창고에 커다란 자물쇠를 달고 밤마다 창고를 지켰어요. 밤마다 마을에는 묘한 긴장감이 돌았어요. 치오리는 밤새 창고를 지키는 아빠를 생각하자 잠이 오지 않았어요. 밖으로 나오니 보름달이 둥실 떠 있었어요. 치오리는 창고 쪽으로 발걸음을 옮겼어요. 달빛은 밝았고, 사방은 조용했어요. 창고에 거의 다다랐을 때 우당탕하는 요란한 소리가 들렸어요.

"도, 도둑이야!"

창고 쪽에서 다급한 목소리가 들렸어요. 분명 아빠 목소리였어요. 치오리는 소리가 나는 쪽으로 정신없이 달렸어요. 창고에는 아빠가 누군가와 실랑이하고 있었어요. 어둑해서 잘 보이지 않았지만, 도둑이 틀림없었어요. 치오리는 조심조심 아빠 곁으로 가서 도둑의 얼굴을 살폈어요.

"아, 아저씨?"

고개를 숙인 사람은 모두앙 아빠였어요. 가족처럼 지내는 모두앙 아빠가 바닐라콩 도둑이라니. 치오리는 두 눈을 의심했어요.

"너무 미안하네. 이러면 안 되는데, 사이클론으로 집이 무너지면서 우리 바닐라콩이 죄다 젖어서 썩어 버렸어. 그래서 그만……."

치오리는 눈물이 차올라 모두앙 아빠를 제대로 쳐다볼 수 없었어요. 치오리 아빠도, 모두앙 아빠도 모두 먼 곳을 바라보며 눈물을 훔쳤어요.

"산 사람은 살아야지. 이게 기후 변화 탓이지 어디 자네 탓이겠어."

치오리 아빠는 주섬주섬 바닐라콩 뭉치를 싸서 모두앙 아빠에게 내밀었어요. 모두앙 아빠는 바닐라콩 뭉치를 바라보며 하염없이 눈물만 쏟았어요. 치오리는 바닐라콩 뭉치를 대신 받아 모두앙 아빠에게 건넸어요.

"치오리, 미안하다. 아저씨가……."

"아니에요. 학교에서 배웠어요. 지금은 기후 변화 때문에 생긴 재난 상황인 거잖아요. 다음에는 선생님에게 사이클론이 더 강해지지 않도록, 기후 변화를 막는 법을 배울게요. 그러니깐 아저씨도 걱정하지 마세요."

치오리의 말에 모두앙 아빠는 말없이 고개를 끄덕였어요.

● **다시 찾은 희망**

다음 날 치오리는 부모님을 따라 바닐라밭에 나갔어요. 각오는 했지만 눈앞에 펼쳐진 모습은 정말 처참했어요. 바닐라 줄기가 감고 올라가는 나무 기둥이 뽑혀서 이리저리 나뒹굴고 있었어요. 뜯겨 나간 바닐라 줄기도 뒤엉켜 있었어요.

"애지중지 키운 바닐라들이……. 여보, 이제 어떻게 해요?"

엄마의 얼굴에 수심이 가득했어요. 아빠는 엄마의 어깨를 다독이며 말했어요.

"애들을 봐서라도 우리가 힘을 냅시다."

부모님의 대화를 듣던 치오리는 마음이 너무 아팠어요. 어떻게든 부모님께 희망을 드리고 싶었어요. 그때 무엇인가가 치오리 눈에 띄었어요.

'저건, 분명히 바닐라콩이야. 살아 있어.'

치오리는 뒤죽박죽이 된 덩굴 사이를 뒤적이기 시작했어요. 그리고는 새끼손가락만 한 콩깍지 모양이 달린 줄기 하나를 찾아냈어요.

"여기, 남은 열매가 있어요!"

부모님이 얼른 치오리 곁으로 왔어요. 치오리는 바닐라콩이 상할까 봐 조심히 다루었어요. 엄마의 얼굴에도, 아빠의 얼굴에도 미소가 번졌어요. 세 사람은 누가 뭐랄 것도 없이 살아남은 바닐라콩을 찾기 시작했어요. 하나둘 찾다 보니 벌써 열 개가 넘는 열매를 찾았어요. 그때 뒤에서 누군가 뛰어오는 소리가 들렸어요.

"헉헉, 치오리! 열대 우림 동맹에서 우리 마을을 돕기로 했대."

쉬지 않고 달려온 모두앙은 숨을 고르고 나서 이야기를 들려줬어요. 한 단체에서 사이클론으로 피해를 입은 농장과 마을을 복구하는 데에 도움을 주기로 했다는 거였어요. 바닐라를 다시 심는 걸 돕고, 더 나은 농사법을 알려 준다는 얘기에 치오리는 뛸 듯이 기뻤어요. 치오리와 모두앙은 두 손을 맞잡고 빙글빙글 돌았어요. 아이들을 지켜보던 치오리 부모님도 기쁘긴 마찬가지였어요.

치오리와 모두앙은 굳게 약속했어요. 아무리 사이클론이 몰아닥쳐도 마다가스카르의 바닐라를 꼭 지켜 내자고요.

강력해진 사이클론이 기후 위기라고?

마다가스카르에 불어닥친 초대형 사이클론

사이클론의 위성 사진

아프리카 남동쪽, 인도양에 있는 섬나라 마다가스카르에는 매년 12월부터 2월 사이에 사이클론이 불어닥쳐요. 사이클론은 태풍과 같은 열대성 저기압이에요. 열대성 저기압은 위도가 낮은 지역의 따뜻한 공기가 위도가 높은 곳으로 이동하면서 바다로부터 많은 양의 수증기를 공급받아서 만들어져요. 지역에 따라 부르는 이름이 다를 뿐 사이클론과 태풍, 허리케인은 모두 같은 열대성 저기압이에요. 열대성 저기압은 전 세계에서 일어나는 자연스러운 기상 현상이에요.

그런데 최근 마다가스카르에 평소보다 더 강력한 사이클론이 연이어 불어닥치고 있어요. 2017년에는 평소보다 훨씬 강력한 4등급 사이클론이 불어닥쳤어요. 4등급의 사이클론은 홍수를 일으킬 정도의 어마어마한 폭우를 내렸고 그 위력은 나무를 뿌리째 뽑아 버릴 정도였어요. 이 사이클론으로 집을 잃은 사람은 17만 명이 넘었어요.

2022년에는 한 달 사이에 연달아 4번의 사이클론이 불어닥쳤어요. 그중에는 4등급보다 더 강한 5등급의 사이클론도 있었어요. 이 사이클론이 일으킨 홍수와 산사태 때문에 5만 명의 주민이 살 곳을 잃고 말았어요.

사이클론이 강력해지는 이유

사이클론 같은 열대성 저기압은 바닷물에서 에너지를 공급받아요. 그런데 바닷물이 따뜻하면 공기 중으로 증발되는 수증기량이 많아지고, 사이클론은 더 많은 에너지를 얻어서 강력해지는 거예요. 최근에는 기후 변화로 바닷물의 온도가 오르면서 사이클론의 강도가 세져, 비도 많이 내리고 바람도 더 거세졌어요. 강력한 사이클론이 더 자주 마다가스카르에 불어닥치고 있는 거예요.

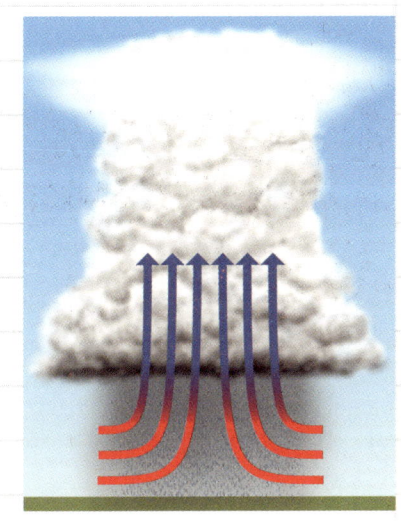
열대성 저기압은 따뜻한 바닷물에서 에너지를 얻어요.

바다에서 만들어진 열대성 저기압은 육지를 지나며 세력이 약해져요. 하지만 강도가 센 사이클론은 육지에 다다라도 쉽게 약해지지 않아요. 대신 오랫동안 육지에 머물면서 엄청난 비를 뿌려 홍수를 일으키지요. 또 강한 바람으로 집과 건물을 무너뜨리기도 해요. 수온이 2도 올라가면 사이클론의 비는 14퍼센트 더 많이 내리고, 바람은 5퍼센트 더 강하게 분다고 해요.

사이클론 말고도 마다가스카르에 폭우가 내리는 또 다른 이유가 있어요. 인도양 쌍극자 현상이에요. 인도양은 아프리카와 오세아니아, 인도에 둘러싸인 바다예요. 초여름에서 늦가을 사이에 인도양 서쪽은 수온이 높아지고, 반대로 동쪽은 수온이 낮아져요. 이 때문에 마다가스카르가 있는 인도양 서쪽 지역에는 가열된 공기와 수증기가 위로 올라가면서 폭우가 내려요. 이것을 쌍극자 현상이라고 하는데, 기후 변화로 인도양의 수온 차이가 더욱 커지면서 쌍극자 현상도 점차 심해지고 있어요. 그만큼 마다가스카르에는 더 많은 폭우가 쏟아지는 거예요.

대형 사이클론(태풍)이 우리나라에도?

태풍으로 부서진 다리

매년 여름에서 가을 사이에 열대성 저기압인 태풍이 우리나라에 불어와요. 그런데 최근에는 이상 기후 때문에 강력한 태풍이 더 자주 발생하고 있어요. 이런 내용은 기상청이 발표한 '2020년 이상 기후 보고서'에 자세히 나와 있어요. 특히 2020년 한 해 동안 태풍과 호우(크고 많은 비)로 인해 발생한 피해액이 지난 10년 동안의 평균 피해액보다 3배나 많다는 대목에서 잘 알 수 있어요.

2020년에는 5개의 태풍이 발생했는데, 9월에 우리나라를 통과한 '마이삭'이 가장 큰 피해를 안겼어요. 폭우로 다리와 해안 도로가 파괴되었고, 홍수가 나서 농경지와 집들이 물에 잠겼어요. 거센 바람에 전봇대가 부러지고, 광고판이 날아가기도 했어요. 한국 해양 과학 기술원은 마이삭이 여느 태풍보다 셌던 이유를 조사했어요. 그 결과 마이삭이 발생했을 때 필리핀 바닷물의 온도가 평균 수온보다 1도나 높다는 것을 발견했어요. 바닷물이 따뜻해지면서 열대성 저기압의 강도가 더 세진 거였어요.

장마의 위력도 더 강해졌어요. 2020년에는 장마가 54일 동안 계속됐는데, 이것 역시 기후 변화로 인한 이상 기후였어요. 기후 전문가들은 이런 현상이 잦아질 거라고 경고하고 있어요. 사람들은 기후 위기의 심각성을 알리기 위해 '#이_비의_이름은_장마가_아니라_기후_위기입니다'라는 해시태그 운동을 벌이기도 했어요.

바닐라가 사라진다면?

한 나라의 경제가 흔들려요

마다가스카르는 세계에서 바닐라콩을 가장 많이 생산하는 나라예요. 무려 전 세계 바닐라콩의 75퍼센트를 생산하는데, 품질도 좋아서 여러 나라에서 앞다투어 수입하려고 해요. 그런데 마다가스카르에 대형 사이클론이 불어닥쳐서 주요 재배 지역의 80퍼센트 이상이 망가지고 말았어요. 바닐라 농장은 큰 손해를 입었고, 바닐라콩 생산량도 확 줄어들었어요. 마다가스카르 전체의 경제도 흔들릴 수밖에 없었어요. 또 바닐라콩이 귀해지자 마다가스카르에서는 도둑질은 물론 심각한 범죄까지 벌어지면서 사회 문제로 번졌어요.

바닐라꽃과 발효시킨 바닐라콩

'가짜' 바닐라 아이스크림을 먹게 돼요

바닐라콩의 생산량이 줄어들자 바닐라콩의 가격은 하늘 높은 줄 모르고 치솟았어요. 원래 1킬로그램에 20달러였던 바닐라콩 가격이, 600달러까지 올랐어요. 무려 30배가 넘게 오른 거예요.

바닐라콩 가격이 오르니 바닐라가 들어간 아이스크림과 케이크 가격도 덩달아 올랐어요. 아이스크림을 만드는 회사는 무턱대고 가격을 올릴 수 없어서 다른 방법을 생각해 냈어요. 천연 바닐라콩 대신 합성 향료의 비중을 늘리기로 한 거예요. 합성 향료는 바닐라콩의 맛과 향을 흉내 냈을 뿐 진짜가 아니에요.

2050년이면 바닐라가 지구에서 완전히 사라질 거라는 예측이 있어요. 그때가 되면 우리는 가짜 바닐라 아이스크림을 먹을 수밖에 없을 거예요.

| SOS! 지구를 구해 줘 |
대형 사이클론을 막고, 바닐라를 살려라!

바다거북이 사이클론을 예측해요

　사이클론 같은 열대성 저기압이 발생하는 것을 아예 막을 수는 없어요. 대신에 과학자들은 더 정확하게 기상을 예측해서 기상 이변이 가져올 피해를 줄이려고 노력하고 있어요. 과학자들은 여러 가지 방법으로 열대성 저기압이 이동하는 방향과 피해 규모를 예측하고 있지요.

　열대성 저기압을 예측하는 데는 바닷물의 온도를 아는 게 중요해요. 그동안은 바다에 띄우는 부표나 드론, 위성을 통해 바닷물 온도를 측정했어요. 하지만 이 방법으로는 바다 깊은 곳의 온도까지는 알 수 없었어요. 그런데 프랑스의 연구원 올리비에 부스케가 인도양의 바다거북을 이용해서 새로운 해양 데이터를 수집하는 방법을 찾아냈어요.

　바다거북은 수심 25~200미터 사이에서 활동할 뿐만 아니라, 매년 상당한 거리를 헤엄쳐서 이동해요. 바다거북의 등에 위성 수신기를 달면 깊은 바닷속 온도를 제대로 측정할 수 있고, 폭넓은 지역의 자료를 수집할 수 있어요. 올리비에는 2019년에 15

마리의 바다거북 등에 위성 수신기를 부착했어요. 거북 중 한 마리는 3주 동안 하루 평균 20번, 많게는 50번씩이나 바닷물 온도를 측정해 보냈어요. 2022년에는 규모를 늘려 80마리의 바다거북에 위성 수신기를 달았어요. 이 방법을 통해 바닷물 온도를 더 정확하게 수집할 수 있게 됐어요.

바닐라 농업을 살리는 활동

열대 우림 동맹은 1986년에 다니엘 카츠가 설립한 비영리 단체예요. 카츠는 1분마다 축구장 28개 크기의 열대 우림이 사라지는 데에 심각성을 느껴 열대 우림 동맹을 만들었어요. 이 단체는 열대 우림을 보호하는 일에 앞장서고 있어요. 그중 하나가 열대 우림 지역 농부들에게 친환경 농사법을 가르쳐서 독성이 높은 농약을 사용하지 않게 하는 거예요. 이렇게 기른 농작물에는 '열대 우림 동맹 인증' 마크가 붙어요. 이 마크가 붙은 제품은 제값에 팔려 농부들은 수입을 보장받게 돼요.

열대 우림 동맹 인증 마크

열대 우림 동맹의 활동은 마다가스카르에서도 이뤄지고 있어요. 바닐라 농부들에게 열대 우림과 동식물을 보호하면서, 화학 비료 사용량을 줄이는 농사법을 교육하고 있어요.

기업들도 바닐라의 품질을 높이려고 노력하고 있어요. '바닐라 생육 조건 연구 프로젝트'는 기업과 지역 농부들이 함께 참여해 바닐라가 어떤 환경에서 잘 자라는지를 조사하고, 그런 환경을 만드는 프로젝트예요. 마다가스카르 98개 마을 7,000명 이상의 농부가 이 프로젝트에 참여하고 있어요. 이런 활동으로 건강한 바닐라 생산 체계가 만들어지고 있어요.

4장

폭염과 감자튀김

| 페루 |

하늘이는 친구들과 햄버거 가게에 갔어요. 햄버거 세트를 주문한 하늘이는 당황하고 말았어요. 점원 누나가 하늘이가 좋아하는 감자튀김 대신 치즈스틱이 나온다고 안내했기 때문이에요. 실망한 하늘이는 점원 누나에게 이유를 물었어요. 점원 누나는 전 세계적으로 감자 공급이 잘 이루어지지 않아서 그렇다고 했어요. 감자가 많이 생산되는 페루의 날씨가 너무 더워졌다고요. 도대체 페루는 얼마나 덥길래 하늘이가 감자튀김을 먹을 수 없게 된 걸까요?

감자밭이 산속으로 이사 가야 한대요

● **감자밭에 쓰러진 할아버지**

나르다는 헐레벌떡 집을 향해 뛰었어요. 한낮의 태양이 뿜어내는 열기에 숨이 찼어요. 하지만 나르다는 멈출 수가 없었어요. 할아버지가 쓰러지셨다는 연락을 받고 급하게 집으로 가는 길이었거든요. 집 앞에 도착했을 때는 온몸이 땀 범벅이었어요.

나르다는 방문을 벌컥 열며 소리쳤어요.

"할아버지!"

"나르다, 할아버지 괜찮으시대. 의사 선생님이 할아버지가 햇볕에 너무 오래 있어서 가벼운 열사병 증상이 나타난 거라고 하셨어. 쉬면 낫는다고 하니 너무 걱정하지 마."

할아버지 머리 위에 얼음주머니를 올려 주던 엄마가 말했어요. 나르다는 얼른 의자를 끌어당겨 할아버지 곁에 앉았어요. 나르다의 눈에서 눈물이 뚝뚝 떨어졌어요. 살며시 눈을 뜬 할아버지는 손을 뻗어 나르다의 눈물을 닦아 주었어요. 얼굴에 닿은 할아버지 손이 뜨거웠어요.

"아빠도 없는데, 왜 혼자 밭에 가신 거예요?"

"너도 알잖니. 요즘 감자 농사가 영 시원찮아서 나가 보지 않을 수가 있어야지."

나르다는 할아버지가 무슨 말을 하는지 알고 있었어요. 페루에 사는 나르다네는 대대로 감자 농사를 짓고 있어요. 할아버지는 페루에서는 7,000년 전부터 감자를 키웠다며 자랑스럽게 이야기하곤 했지요. 조상 대대로 이어 온 전통 비법으로 감자를 키운다는 자부심이 대단했어요. 마을 사람들이 감자 하면 할아버지를 떠올릴 정도로 감자 농사에서는 척척박사였어요. 아빠도 할아버지의 뒤를 이어 감자 농부가 되었고, 나르다도 할아버지처럼 감자를 잘 키우는 농부가 되는 게 꿈이에요.

그런데 몇 년 전부터 감자 농사에 문제가 생겼어요. 어느 해는 비가 와야 할 때 내리지 않았어요. 그다음 해는 비가 내리지 않아야 할 때 엄청 내렸어요. 무엇보다 심각한 문제는 갈수록 날이 더워지는 거였어요. 원래 감자는 서늘한 기온에서 잘 자라요. 날이 더워지니 감자가 자라는 게 더뎠어요. 결국 지난해에는 감자 잎이 시들시들하더니 밭에서 그대로 죽기도 했어요. 평생 감자 농사만 지은 할아버지도 뜨거

운 볕에 덴 감자는 처음 본다며 혀를 끌끌 찼어요.

나르다는 죽은 감자 생각을 떨쳐 버리려고 고개를 세차게 흔들었어요. 할아버지는 밭에서 봤던 벌레 이야기를 꺼냈어요.

"오늘은 감자에 감자뿔나방 애벌레까지 붙어 말썽이지 뭐냐. 살아남은 감자 이파리를 죄다 갉아 놨어. 아랫마을도 그놈들 때문에 감자 농사를 망쳤다는구나. 기어코 우리 마을까지 올라온 게야."

"감자뿔나방 애벌레요?"

나르다는 처음 듣는 이름이었어요. 그 벌레 때문에 올해 감자 농사도 망치게 될까 봐 나르다는 걱정이 앞섰어요. 나르다는 당장 밭으로 달려가서 어떤 상황인지 눈으로 확인하고 싶었어요.

● 폭염 때문에 감자가 살 수 없대요

나르다는 산비탈에 있는 감자밭으로 향했어요. 가파른 산비탈을 깎아 만든 밭은 멀리서 바라보면 마치 커다란 계단처럼 보였어요. 밭 위로 해가 기울고 있었지만, 공기는 아직도 더웠어요.

할아버지 말대로 밭은 엉망이었어요. 한쪽 감자 이파리들은 더위에 익어서 시들시들했고, 다른 이파리들은 아예 갈색으로 변해 있었어요. 나르다는 바닥에 무릎을 꿇고, 늘어져 있는 감자 이파리를 들췄어요. 머리가 까만 애벌레들이 고개를 흔들며 이파리를 갉아먹고 있었어요. 애벌레는 한두 마리가 아니었어요. 이파리 하나에 열 마리도 넘는 벌레가 왁시글덕시글했어요. 나르다는 구역질이 나서 입을 틀어막았어요.

"나르다! 궁금해서 왔구나. 아빠도 방금 할아버지한테 이야기 들었다."

고개를 돌려 보니 아빠가 서 있었어요. 아빠는 마을 어른 몇몇과 함께 감자 농사에 대해 배우러 감자 공원에 다녀오는 길이었어요.

"우리 감자밭에 왜 이런 일이 생겼는지 모르겠어요."

"이게 모두 기후 위기 때문에 생긴 일이란다."

"기후 위기요?"

"세계 곳곳에서 평소와 다르게 폭염이 발생하거나, 갑자기 추워지는 것 말이다. 흔히 이상 기후라고도 하지."

"맞아요. 어릴 때보다 확실히 더 더워진 거 같아요."

"감자는 기후 변화에 민감하단다. 감자는 열에 매우 약해서 기온이 조금만 높아져도 광합성이 잘 안 되고, 감자도 덜 달린다고 하더구나. 지난 몇 년간 우리가 겪었던 일이지."

"그건 알겠는데, 감자밭에 생기는 벌레는 무슨 상관인데요?"

"관련이 있지. 예전에는 기온이 낮아서 감자뿔나방같은 해충이 살 수 없었단다. 하지만 이제 벌레가 살기 좋은 더운 날씨가 된 거야."

아빠는 감자 공원에서 들은 이야기를 나르다에게 들려주었어요. 그리고는 이곳을 떠나야 할 것 같다는 말도 했어요. 정든 마을을 떠난다니 나르다는 깜짝 놀랐어요.

아빠와 함께 집으로 돌아가는 내내 나르다의 마음은 답답하기만 했어요.

● 더 높은 산으로, 더 시원한 곳으로

"아버지, 이곳에서는 더 이상 감자를 키울 수 없어요. 더 시원한 고산 지대로 이주해서 감자 농사를 지어야 해요."

아빠의 말에 할아버지는 크게 화를 내셨어요.

"무슨 소리냐? 조상 대대로 살아온 터전을 떠나다니!"

"아버지도 잘 아시잖아요. 지난 몇 년간 더위 때문에 감자 수확량이 절반으로 줄었어요. 이젠 아랫마을에만 있던 해충까지 생겼다고요."

"그건……."

할아버지는 말끝을 흐렸어요. 아빠는 우리 마을보다 훨씬 높은 곳에 있는 감자 공원 이야기를 하며 할아버지를 설득했어요. 해발 3,100미터에 있는 감자 공원에서는 2010년부터 사람들이 토종 감자를 보존하며 농사를 짓고 있다고 했어요. 국제 감자 센터의 도움을 받을 수 있고, 우리 마을보다 훨씬 시원해서 감자를 키우기에 딱 알맞다고요. 아빠는 할아버지에게 그곳에 같이 가 보자고 했어요.

가만히 듣고 있던 할아버지는 나지막이 말했어요.

"이 땅은 조상들이 오랫동안 감자를 길렀던 곳이다. 이곳만큼 감자를 키우기 좋은 곳은 어디에도 없어. 없고말고."

방 안에 묵직한 침묵이 흘렀어요. 나르다는 할아버지와 아빠의 마음을 모두 알 것 같았어요. 나르다는 정든 마을을 떠나기 싫었지만, 그렇다고 감자가 죽는 것도 보고 싶지 않았어요. 나르다는 할아버지와 아빠를 번갈아 쳐다봤어요. 그리고는 결심한 듯 말을 꺼냈어요.

"할아버지, 제가 먼저 가 볼게요. 정말 우리 감자가 그곳에서 잘 자랄 수 있는지 두 눈으로 보고 올게요. 우리, 그 뒤에 다시 생각해 봐요."

나르다의 진심 어린 말에 할아버지도 마음을 돌렸어요.

나르다가 아빠와 함께 감자 공원에 가 보기로 한 날이 되었어요. 나르다는 나르다네 감자밭에 먼저 들렀어요. 그리고 멀쩡한 감자를 찾기 시작했어요. 시들지도 않고, 벌레도 없는 감자 말이에요. 나르다는 한참을 헤맨 끝에 산그늘의 가려진 곳에서 온전한 감자를 발견했어요. 작긴 했지만 줄기도, 이파리도 튼튼해 보였어요.

나르다는 조심스레 땅을 팠어요. 그리고는 뿌리가 다치지 않도록 흙째 감자를 떠서 가방에 담았어요. 가방 위로 감자 이파리가 빼꼼히 튀어나왔어요.

　'감자야, 이제 나랑 같이 가는 거야. 아빠 말대로라면 이곳보다 감자 공원이 네가 자라기에 더없이 좋은 곳일 거야. 내가 너를 그곳으로 데려다줄게. 여기서 죽지 말고 같이 가자.'

　나르다는 감자가 든 가방을 소중히 끌어안았어요. 이 감자만큼은 꼭 살리고 싶다는 마음이 들었어요. 나르다는 감자를 살리기 위해서, 또 할아버지와의 약속을 지키기 위해서 발걸음을 재촉했어요.

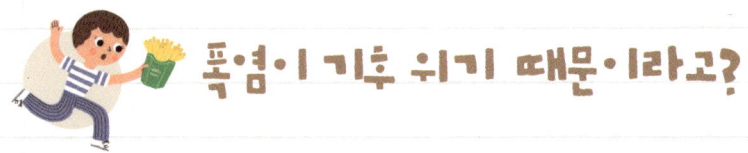

폭염이 기후 위기 때문이라고?

'감자의 고향' 페루가 더워지고 있어요

페루 고산 지대의 감자밭

페루 남부 안데스 고산 지대에는 오래 전부터 인류가 살았어요. 이들은 약 7,000년 전부터 감자를 재배했는데, 오래 보관하는 방법을 개발하면서 기근에 대비할 수 있었어요. 지금도 페루에서 감자는 하루 세끼 식사로 먹을 만큼 없어서는 안 되는 중요한 식량 자원이에요.

감자는 어디서든 잘 자라지만, 페루가 '감자의 고향'이 될 수 있었던 건 기후 덕분이에요. 감자는 18~20도의 서늘한 날씨와 축축한 땅을 좋아해요. 페루의 안데스 고산 지대는 감자가 좋아하는 여건을 두루 갖추고 있어요. 그런데 페루 날씨가 점점 더워지고 있어요. 서늘하던 안데스 고산 지대에도 폭염이 찾아왔어요. 안데스 산맥의 빙하가 급속도로 녹는 것만 봐도 이곳이 얼마나 더워졌는지 알 수 있어요. 안데스 산맥의 빙하는 1977년 이후로 지금까지 매년 20미터씩 빠르게 녹고 있어요. 이전에 7~8미터씩 녹던 것과 비교하면 세 배나 빠른 속도예요. 이런 속도라면 30년 후에는 안데스 산맥의 빙하는 모두 사라질 거예요.

열돔 현상이 폭염을 부추겨요

폭염이란 하루의 최고 기온이 33도가 넘는 날씨를 말해요. 폭염은 전 세계에서 나타나고 있는 이상 기후예요. 미국에서는 2021년 6월 평균 기온이 기상을 관측하기 시작한 이래 가장 높게 관측됐어요. 같은 해 캘리포니아는 낮 최고 기온이 무려 56.7도를 기록했어요. 아무리 더워도 30도를 넘지 않던 캐나다의 브리티시컬럼비아주는 기온이 49.6도까지 치솟았어요. 지금껏 겪어 보지 못한 폭염에 사람들은 깜짝 놀랐어요.

열돔 현상

폭염의 직접적인 원인은 지구 온난화예요. 지구 온난화가 심해지면서 폭염이 더 자주 나타나고, 오래 지속되고 있어요. 여기에 더해 폭염을 심하게 만드는 또 다른 이유가 있어요. 바로 열돔 현상이에요. '열돔'은 말 그대로 뜨거운 공기가 둥근 지붕 모양의 돔에 갇혀 있는 모습을 말해요. 열돔 현상은 지상 5~7킬로미터 높이의 대기권에 생긴 고기압이 이동하지 않고 한곳에 오래 머물면서 생기는 현상이에요. 기압 차가 있어야 바람이 불고 뜨거운 공기가 흩어지는데, 고기압이 뜨거운 공기를 꽉 붙잡고 있어서 계속 더워지는 거예요. 우리나라도 2018년에 무려 한 달 동안이나 폭염이 이어졌는데, 이상 기후로 발생한 열돔 현상이 그 원인이었어요.

폭염이 계속되면 어떤 일이?

폭염은 더운 것에서 끝나지 않고, 산불을 일으키거나 여러 시설을 망가뜨려요. 2022년 7월, 영국의 기온이 40도 가까이 올랐어요. 열을 이기지 못해서 공항의 활주로가 녹아내렸고, 철로가 휘었어요. 결국 국가 비상사태까지 선포됐어요.

폭염은 건강에도 영향을 미쳐요. 사람들은 일사병, 열사병과 같은 온열 질환에 걸리고, 심하면 목숨까지 잃을 수 있어요. 식물과 동물도 마찬가지예요. 감자를 비롯한 농작물과 과일은 햇볕에 데는 피해를 입어요. 미국의 컬럼비아강은 폭염으로 수온이 20도까지 올라가 연어가 익어서 죽기도 했어요.

폭염이 우리나라에도?

기상청에서는 2011년부터 2020년까지 10년 동안의 폭염과 열대야 발생 통계를 발표했어요. 이 기간 동안의 폭염 일수는 14.0일이라고 해요. 1973년부터 2020년까지 48년 동안의 평균 폭염 일수가 10.1일인 것을 감안하면, 2011년 이후에 폭염 일수가 크게 증가한 것이지요.

밤 동안 기온이 떨어지지 않고 25도 이상 유지되는 열대야 현상도 더 잦아졌어요. 열대야는 1970년대에 4.2일이었는데, 2010년대에는 9.0일로 크게 늘어났어요.

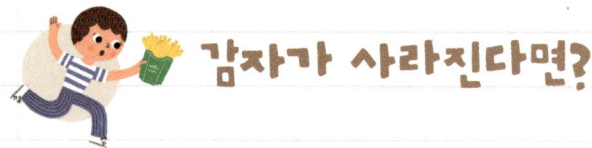

감자가 사라진다면?

감자 생산량이 계속 줄고 있어요

감자는 온도에 매우 민감한 작물이라서 기온이 25도가 넘으면 잘 자라지 못해요. 감자 잎에서 광합성이 잘 이뤄지지 않거든요. 또 광합성으로 만든 영양분이 땅속 덩이줄기에 모여 감자가 되는데, 광합성이 잘 안되면 감자도 잘 만들어지지 않아요. 결국 감자 생산량이 줄어들지요. 기온이 1도 오를 때마다 감자 생산량은 5퍼센트씩 줄어든다고 해요.

과거에는 페루의 감자 산지가 해발 2,800~3,500미터에 있었는데, 지금은 해

이상 고온으로 시든 감자

발 4,000~4,200미터까지 올라가야 감자 농사를 지을 수 있어요. 하지만 높은 곳으로 올라갈수록 땅이 메마르고 바위 투성이라 감자를 심을 땅이 턱없이 부족해요. 그래서 감자 생산량은 더 줄어들 수 밖에 없어요. 2050년에는 감자 종의 약 4분의 1이 멸종되고, 2060년에는 감자 생산량이 약 3분의 1까지 줄어들 거라는 무시무시한 이야기도 들려요.

많은 사람들이 굶주리게 돼요

2021~2022년에 우리나라 패스트푸드점에서 감자튀김 대신 치킨 너깃이나 치즈 스틱을 준 일이 있어요. 2021년 폭염 때문에 미국의 감자 생산량이 줄었는데, 이 때문에 미국산 감자로 만든 감자튀김이 사라지고 만 거예요.

감자 생산량이 줄면 감자가 주식인 나라에서는 더 큰 문제가 생겨요. 감자는 수확량이 많아 밀, 쌀, 옥수수와 함께 세계 4대 식량 작물에 꼽혀요. 감자를 주식으로 삼는 세계 인구는 약 13억 명이에요. 어느 날 갑자기 감자가 사라지면 이들은 굶주리게 될 거예요.

1845년에 일어난 '아일랜드 감자 대기근'을 알고 있나요? 감자 역병으로 불리는 감자 사상균이 번지며 나라 전체의 감자가 시들어 죽어 버린 사건이에요. 이 일로 아일랜드는 7년 동안 전체 인구의 약 25퍼센트인 200만 명을 잃었어요.

SOS! 지구를 구해 줘
폭염을 막고, 감자를 살려라!

폭염 걱정 없는 생태 도시를 만들어요

폭염은 도시에서 많이 나타나요. 아스팔트나 빌딩이 많은 곳은 주변보다 기온이 0.3도에서 10도까지 높은 열섬 현상이 생기기 때문이에요. 여기에 더해 뜨거운 공기를 가둬 놓는 열돔 현상이 겹치면, 도시의 폭염은 오래 지속될 수밖에 없어요.

폭염을 막기 위해 세계 곳곳에서는 다양한 노력을 하고 있어요. 첫 번째는 열을 흡수하는 식물을 많이 심는 거예요. 프랑스 파리는 2026년까지 17만 그루의 나무를 심고, 지붕과 외벽에 식물을 심기로 했어요. 또 300개의 오아시스 학교 마당을 만든다고 해요. 오스트레일리아 멜버른은 2040년까지 매해 3,000그루의 나무를 심기로 했어요.

우리나라의 세종특별자치시는 빗물을 땅에 더 흡수시키는 저영향 개발 기법으로 기온을 2도 낮추겠다는 계획을 세웠어요. 이를 위해 생태 연못과 빗물 정원을 만들고, 옥상을 정원으로 바꾸고 있어요.

도시를 흰색으로 바꾸는 곳도 있어요. 미국 로스앤젤레스는 검은색 아스팔트 도로에 흰색 특수 페인트를 칠했어요. 햇볕을 반사해 도시가 뜨거워지는 걸 막는 거예요.

감자를 살리는 페루 국제 감자 센터

페루 국제 감자 센터 ⓒJIRCAS Library

페루 리마에는 국제 감자 센터가 있어요. 이곳은 아일랜드 감자 대기근과 같은 일이 벌어지지 않게 대비하는 일을 해요. 감자 대기근의 피해가 심했던 이유 중 하나는 아일랜드 농부들이 두 종류의 감자만 길렀다는 데 있어요. 만약 유전적으로 다양한 감자를 길렀다면 어땠을까요? 여러 감자 종자 중에서 감자 사상균에 강한 감자는 살아남았을 거예요.

국제 감자 센터의 유전자 은행은 세계 감자 종자의 약 70퍼센트를 보관하고 있어요. 종자를 보존하면 식량 부족을 해결할 수 있고, 식량 자원을 미래 세대에 남겨 줄 수 있어요. 최근에는 유전자 은행에 보관 중인 야생 감자 1,350종을 분석해 기후 변화에 잘 적응하는 유전자를 찾는 프로젝트를 진행 중이에요.

국제 감자 센터는 여러 나라의 농부에게 다양한 품종의 감자를 보내는 활동도 하고 있어요. 농부들은 그 감자를 기른 경험을 기록해 국제 감자 센터에 보내요. 이런 활동으로 세계 여러 환경에 맞는 다양한 감자를 재배할 수 있고, 기후 변화로 식량이 부족해질 것에 대비할 수 있어요.

5장

해수면 상승과 쌀밥

| 방글라데시 |

진우네 외할아버지는 진우네에 매년 농사지은 쌀을 보내 주세요. 하지만 올해는 쌀을 보내 주시지 못한대요. 해수면이 높아져 바닷물이 육지로 넘어온 바람에 벼가 말라 죽었다는 거예요. 진우는 바닷물 때문에 외할아버지네 쌀을 못 먹게 될 거라고는 생각지도 못했어요. 그런데 방글라데시에서는 바닷물 때문에 더 심각한 일이 생겼다고 해요. 도대체 방글라데시에서는 무슨 일이 일어난 걸까요?

해수면이 높아져 농사지을 땅이 사라져요

● **짠맛 나는 우물과 누렇게 말라 죽은 벼**

"퉤퉤퉤. 누나, 어서 와 봐. 물맛이 이상해!"

마당의 우물물을 마시던 꾸마르가 요란스럽게 샤마르를 불렀어요. 소리를 듣고 나온 샤마르는 꾸마르가 내민 우물물을 한 모금 들이켰어요. 그리고는 칵칵 소리를 내며 바로 뱉어 냈어요. 혀끝을 타고 짠맛이 진하게 느껴졌기 때문이었어요.

그때 엄마가 커다란 물통을 들고 막 집으로 들어왔어요. 샤마르는 얼른 엄마 손에 들려 있는 물통을 받아 들었어요.

"엄마, 좀 전에 누나랑 같이 물을 마시다가 뱉어 버렸어요. 우리 집 물맛이 왜 그래요?"

엄마는 땀을 닦아 냈어요. 이웃 마을에서 물을 길어 오느라 힘이 든 모양이었어요. 한숨 돌린 엄마는 꾸마르에게 이야기를 들려주었어요.

"바닷물에 들어 있는 소금기가 우물물에도 들어간 거 같구나. 당분간은 옆 마을에서 물을 길어 오겠지만, 앞으로는 시장까지 나가서 물을 사 와야 할지도 모르겠구나."

엄마의 말에 꾸마르는 깜짝 놀랐어요. 그러자 옆에 있던 샤마르가 나지막이 한숨을 뱉었어요.

"휴, 모두 바닷물 때문이야."

"바닷물이 왜? 무슨 말이야?"

꾸마르는 눈을 크게 뜨면서 물었어요. 대답은 다시 엄마가 했어요.

"네가 두 살 때인가? 바닷물이 우리 마을 둑을 넘어서 들어왔어. 그때부터 바닷가와 가까운 우물물에서 짠맛이 나기 시작했지."

"정말이에요?"

"응, 그래. 바닷물에 잠겼던 논에서는 벼가 말라 죽기도 했어."

엄마의 말에 꾸마르는 자신도 모르게 얼굴을 일그러뜨리고 말았어요.

샤마르와 꾸마르는 방글라데시의 벼농사를 짓는 작은 마을에 살아요. 큰 강과 바다가 만나는 곳이라 물이 풍부하고 땅도 비옥해 오래전부터 농사가 잘되었어요. 그래서 샤마르네는 굶주릴 걱정 없이 살았어요. 하지만 커다란 해일이 일어나 바닷물이 둑을 넘어오고 나서 벼들이 누렇게 말라 죽었어요. 모두 바닷물 속 소금 성분 때문이었어요. 다음 해에도, 그다음 해에도 바닷물이 들어왔던 논은 계속 농사가 안

됐어요. 또 해가 갈수록 바닷물이 넘쳐 들어오는 일이 잦아졌어요.

"그런데 왜 바닷물이 둑을 넘어오는 거예요?"

"해수면 상승이라고 들어 봤니? 바닷물이 점점 높아지는 현상 말이야."

샤마르와 꾸마르는 처음 듣는 말에 호기심이 일었어요.

"히말라야처럼 높은 산 위에 있는 빙하와 북극과 남극에 있는 두꺼운 얼음이 녹아서 바다로 흘러들다 보니 바닷물이 점점 많아진다는구나. 또 지구가 점점 뜨거워지고 기후가 변해서 바닷물이 더 불어나고 있대."

날이 더워지는 건 샤마르도 잘 알고 있었어요. 더위를 식히려고 요즘은 매일 꾸마르와 물놀이를 했거든요. 엄마는 이야기를 계속 이어 갔어요.

"우리 마을은 홍수도 잘 나잖니. 해수면보다 땅의 높이가 낮으니 이대로 가다간 우리 마을이 아예 잠길지도 모르겠구나."

샤마르는 마을이 물에 잠겨 사라져 버릴지도 모른다는 말에 몸이 부르르 떨렸어요. 엄마는 둑을 계속 높게 쌓고 있으니 괜찮을 거라고 샤마르를 다독였어요.

● 해마다 둑을 높게 쌓아야 하는 마을

아침부터 마을 광장이 사람들로 시끌벅적했어요. 우기를 앞둔 하늘은 검은 먹구름이 잔뜩 끼어 어두컴컴했어요. 오늘은 마을 어른들이 힘을 모아 둑을 높이 쌓는 날이었어요. 우기가 되면 비가 많이 내려 강물이 불어나는데 바닷물까지 넘쳐 버리면 순식간에 논이 잠기기 때문에 서둘러 둑을 쌓아야 했어요. 둑 쌓기는 남자 어른들이 도맡아 했어요. 샤마르의 아빠도 어른들 무리에 끼어 있었어요.

"엄마, 사람들이 왜 많이 안 보여요? 엠디도 안 보이네?"

엄마 손을 잡고 있던 샤마르가 두리번거리며 물었어요.

"농사가 안되니 사람들이 일자리를 찾아서 도시로 떠난 탓이지. 엠디네는 먹을 쌀이 떨어진 지 오래였어. 결국 어제 도시로 떠났단다."

샤마르는 엠디가 떠났다는 소식에 마음 한구석이 허전했어요.

마을 어른들은 좀처럼 둑이 있는 곳으로 출발하지 않고, 웅성거릴 뿐이었어요. 모인 어른들은 일손이 부족해 망설이고 있었어요. 시간만 흐르는 게 답답했던 샤마르가 아빠에게 말했어요.

"아빠, 저도 도울게요! 작은 힘이라도 보태고 싶어요."

순간 사방이 조용해지면서 수많은 사람의 시선이 샤마르에게 쏠렸어요. 아빠 역시 굳은 표정으로 샤마르를 내려다보았어요. 그때 할아버지 한 분이 먼저 나섰어요.

"자, 이제 둑으로 갑시다. 이렇게 어린아이도 마을을 지키려 하는데 우리도 나서야 하지 않겠소."

그러자 머뭇거리던 사람들이 움직이기 시작했어요. 아빠와 같은 어른들은 물론이고, 허리가 꼬부라진 할머니, 코흘리개 아이들, 다리를 절뚝이는 아주머니까지 둑을 향해 나아갔어요. 샤마르는 눈물이 날 것 같았어요. 마을 사람들의 간절함이 느껴졌거든요.

"용기 내어 줘서 고맙구나."

아빠가 샤마르에게 빙긋이 웃었어요. 샤마르와 꾸마르는 엄마와 아빠 손을 잡고 나란히 걸었어요. 둑이 점점 가까워질수록 텅 비어 있는 논이 많이 보였어요. 바닷물 때문에 농사를 못 지어서 버려진 탓이었어요. 몇몇 논은 아예 바닷물을 채워 새우를 키우고 있었어요. 그나마 바다에서 멀리 떨어진 덕분에 샤마르네 논에는 아직 벼가 자라고 있었어요. 샤마르는 바닷물로부터 벼를 지키겠다고 다짐했어요.

● 폭우를 뚫고 둑을 쌓는 사람들

마을 사람들은 어느새 둑에 도착했어요. 기다란 둑 밖으로 바닷물이 넘칠 듯 출렁이고 있었어요. 만조와 겹쳐서인지 바닷물이 더 많아 보였어요. 마을 사람들은 익숙한 듯 일을 나누었어요. 여자 어른들이 큰 자루에 흙을 담으면, 남자 어른들은 그것을 들어서 둑 위로 쌓았어요. 샤마르와 꾸마르는 흙을 담기 쉽게 자루의 입구를 벌렸어요.

그렇게 몇 시간이 지났어요. 샤마르의 얼굴에 톡 하고 빗방울 하나가 떨어졌어요. 우기를 알리는 비가 내리기 시작한 거예요. 비는 순식간에 굵어졌어요. 아직 둑의 절반도 쌓지 못했는데 비 때문에 둑을 쌓는 속도가 점점 느려졌어요.

그때 아빠가 사람들을 향해 소리쳤어요.

"조금만 더 힘을 냅시다, 여러분!"

"빗속에서 여자나 아이들이 일하는 건 무리예요. 힘을 쓰는 남자들이 더 있으면 모를까. 그냥 돌아갑시다."

"안 돼요. 벼가 잠기게 할 순 없어요!"

샤마르의 입에서 저도 모르게 말이 튀어나왔어요. 그리고는 빗물에 흘러내리는 흙을 맨손으로 퍼올렸어요. 꾸마르도 제 누나가 하는 것을 보고 따라 하기 시작했어요. 그때였어요.

"빵, 빵!"

차 한 대가 경적을 울리며 달려왔어요. 이윽고 삽을 든 어른들이 차에서 줄줄이 내렸어요. 샤마르는 그 사이에서 익숙한 얼굴을 발견했

어요. 엠디와 엠디 아빠였어요.

"늦어서 미안합니다. 마을을 떠난 사람들을 설득해서 다 함께 도우러 왔어요."

줄기차게 내리는 빗속에서도 엠디 아빠의 목소리가 우렁차게 들렸어요. 더 이상 지체할 시간이 없었어요. 마을 사람들은 삽으로 흙을

폈어요. 사람들이 열심히 퍼 올린 흙을 빗물이 계속 쓸어내렸지만 포기하지 않았지요. 샤마르와 꾸마르, 엠디는 온몸에 진흙물을 뒤집어쓴 채 힘을 보탰어요.

드디어 둑의 마지막 부분까지 흙 자루를 쌓아 올렸어요. 사람들은 안도의 한숨을 쉬었어요. 아빠는 샤마르를 지긋이 바라봤어요.

"샤마르, 꾸마르, 엠디 고생했다."

"아빠, 해수면 상승을 막는 방법을 공부해야겠어요. 학교에 가면 선생님께 제가 할 수 있는 일을 물어볼 거예요. 둑 쌓는 일 말고, 진짜 우리가 해야 할 일이 있을 거예요. 그렇지, 엠디?"

샤마르의 말을 가만히 듣던 엠디도 고개를 끄덕였어요.

해수면 상승이 기후 위기 때문이라고?

바닷물에 잠기고 있는 방글라데시

　방글라데시는 물이 풍부하고 땅이 비옥해서 벼농사가 잘되는 나라예요. 하지만 육지의 3분의 1이 해수면보다 높이가 낮은 저지대로 이루어져 있어요. 이 때문에 바닷물이 크게 일어서 육지로 넘쳐 들어오는 해일이 자주 일어나요. 또 한꺼번에 많은 비가 내리면 강물과 바닷물이 만나 큰 홍수가 일어나기도 해요. 최근에는 기후 위기로 해수면까지 상승하면서 피해가 더 심각해지고 있어요.

해수면 상승으로 해안가 집들이 물에 잠기고 있어요.

　해수면이 상승하면서 550만 명의 사람들이 농사지을 땅을 잃었고, 집이 물에 잠겨 살던 곳을 떠나는 사람들도 생겼어요. 많은 해안 지역 사람들이 수도인 다카로 이주하고 있어서, 다카의 인구는 하루 2,000명씩 늘고 있어요.

　해수면 상승은 방글라데시만의 일이 아니에요. 전 세계가 겪고 있는 심각한 기후 위기 문제예요. 1902년부터 2010년까지 109년 동안 지구의 해수면은 16센티미터가 높아졌어요. 그런데 2006년부터 2015년 사이에는 매년 3.6센티미터씩 해수면이 높아졌지요. 이렇게 해수면은 해가 갈수록 더 빠르게 상승하고 있어요. 2100년이 되면 해수면 높이가 지금보다 적게는 30센티미터, 많게는 1미터까지 높아질 거라고 해요.

해수면이 높아지면 생기는 문제들

해수면이 높아지면 많은 사람들이 당장 살던 곳을 잃게 돼요. 현재 세계 인구의 40퍼센트는 해안에서 100킬로미터 이내에 살고 있어요. 지금 같은 속도라면 2100년에는 뉴욕, 런던, 도쿄, 상하이 등의 대도시가 물에 잠기게 돼요. 서울과 인천, 부산도 마찬가지예요. 나라 전체가 사라지는 곳도 있어요. 남태평양의 섬나라인 투발루와 키리바시예요. 몰디브는 해수면이 1미터만 상승해도 영영 볼 수 없게 돼요. 살 곳을 잃는 건 사람만이 아니에요. 이미 북극곰과 펭귄은 서식지를 잃고 멸종 위기종으로 내몰렸어요.

농사지을 땅이 바닷물에 잠기는 것도 큰 문제예요. 세계의 식량 창고인 방글라데시의 갠지스강 삼각주와 나일강 삼각주, 메콩강 삼각주 등이 해수면 상승으로 위험에 처했어요. 땅에 바닷물이 스며들면 여러 가지 문제가 생겨요. 염분 때문에 식물이 자랄 수 없어서 식량이 부족해지는 것은 물론이고, 물에도 소금기가 스며들어 마실 물도 구할 수 없게 돼요.

해수면이 높아지는 이유

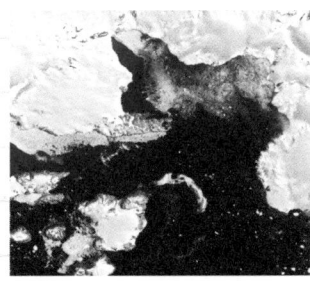

이상 고온으로 만년설이 녹고 있는 남극 대륙
(2020년 2월 6일과 2월 13일의 모습)

해수면이 상승하는 원인 중 하나는 열팽창이에요. 열팽창이란 어떤 물질이 열을 받아서 부피가 늘어나는 걸 말해요. 같은 양의 바닷물이라도 해양 온난화가 진행되면, 물이 차지하는 공간이 늘어나서 해수면이 육지보다 높아지게 돼요.

다른 이유는 대륙 빙하가 녹는 것이에요. 대륙 빙하는 육지를 덮고 있는 두꺼운 얼음이에요. 남극 대륙에 쌓인 얼음의 평균 두께는 무려 2,160미터인데, 만약 이 얼음이 다 녹으면 전 세계 해수면은 약 66미터가 높아져요. 게다가 그린란드나 시베리아 등에 있는 빙하도 녹아 바다로 흘러들고 있어요.

빠르게 해수면이 상승하고 있는 우리나라

해양 수산부는 우리나라 바다의 평균 해수면이 지난 30년간 얼마나 높아졌는지 조사했어요. 그 결과 무려 9센티미터나 상승한 걸 알아냈어요. 특히 1990년대보다 최근 10년 사이에 해수면이 더 빠르게 높아졌어요. 해수면 상승 속도가 점점 빨라지고 있는 것이지요.

해수면 상승으로 가장 큰 피해를 본 지역은 제주예요. 현재 제주 용머리 해안은 산책로가 바닷물에 잠겨 버렸어요. 해수면이 1970년보다 무려 23센티미터나 높아졌기 때문이에요. 또한 동해안은 해수면이 높아지면서 해수욕장의 모래사장이 사라지고 있어요. 사천진 해변 모래사장의 평균 폭은 2020년까지는 40미터였지만, 2021년에는 37미터로 줄었어요. 일 년 사이에 3미터가 사라진 거예요. 이제 큰 파도가 치면 주변의 상점과 주택까지 바닷물이 들이닥치고 있어요.

2100년이면 우리나라의 해수면이 지금보다 1미터까지 높아질 거란 예측이 있어요. 그렇게 되면 여의도 면적의 300배가 넘는 땅이 바닷속에 잠겨요. 또한 농사짓는 땅에 바닷물이 범람해 피해를 입히고, 농업용수나 식수도 오염시켜요.

쌀이 사라진다면?

식량이 부족해져 굶주림에 시달려요

쌀은 옥수수, 밀에 이어 전 세계에서 가장 많이 생산되는 곡물이에요. 전 세계 80억 명의 인구 중 절반이 넘는 사람이 쌀을 주식으로 삼고 있어요. 쌀은 그만큼 없어서는 안 되는 중요한 식량 자원이지요.

이런 쌀이 식탁에서 사라질 위기에 놓였어요. 원인은 기후 위기예요. 해수면의 상승으로 땅과 물에 염분이 스며들어 벼가 말라 죽어요. 또 날이 점점 뜨거워지면서 벼 이삭 수가 줄어들고, 그마저도 잘 여물지 않고 있어요. 여기에 해마다 농사지을 수 있는 땅이 줄어드는 것도 쌀 생산량을 줄이는 데 한몫하고 있어요.

나라의 식량 안보가 위협받아요

말라 죽고 있는 벼

쌀이 부족해지는 상황에서 '식량 안보'는 더욱 중요해지고 있어요. 식량 안보는 인구 증가나 재해, 재난 등에 대비해 일정한 양의 식량을 항상 확보하는 걸 말해요. 2008년, 식량 때문에 어려움을 겪은 사례가 있어요. 쌀 수출국인 베트남에 이상 기후가 닥쳐 수출을 중단한 게 시작이었어요. 쌀을 수입하는 나라들은 당장 먹을 식량을 구하지 못해 발을 동동 굴러야 했어요. 필리핀은 쌀값이 두 배나 올랐고, 아이티에는 폭동까지 일어났어요.

우리나라의 쌀 자급률(필요한 물건을 자체로 공급하는 비율)은 2015년까지는 100퍼센트가 넘었어요. 하지만 해마다 쌀 자급률이 줄어 2020년에는 92퍼센트까지 떨어졌어요. '한국 기후 변화 평가 보고서'는 2100년이 되면 우리나라의 쌀 생산량이 4분의 1이나 줄어들 것이라고 예상했어요. 쌀 생산량이 줄면 우리나라의 식량 안보가 위협받는 건 불 보듯 뻔한 일이에요.

| SOS! 지구를 구해 줘 |
해수면 상승을 막고, 벼를 살려라!

살아 있는 굴로 방파제를 만들어요

 방글라데시 남쪽에는 쿠투브디아라는 섬이 있어요. 이곳에서는 특별한 방법으로 해수면 상승에 대비하고 있어요. 굴로 방파제를 만드는 거예요. 방파제 하면 콘크리트 구조물을 쌓아 만드는 게 보통인데 왜 굴로 방파제를 만들었을까요?

 굴 방파제에는 여러 가지 좋은 점이 있어요. 굴은 수가 늘거나 껍데기가 쌓이면서 위로 높아지는 특성이 있어요. 사람이 인위적으로 방파제를 계속 쌓지 않아도 굴 스스로 방파제의 높이를 높이는 셈이에요. 굴 방파제는 망가져도 스스로 피해를 복구하는 장점이 있어요. 또 다 자란 굴 하나는 하루에 약 190리터의 물을 깨끗하게 해 줘요. 무엇보다 어부들이 굴 방파제를 좋아하는데, 굴이 물고기가 살기 좋은 환경을 만들어 주기 때문이에요. 실제로 굴 방파제를 설치한 후로 물고기가 훨씬 더 많이 잡히고 있어요.

굴 방파제 사업은 다른 나라에서도 이루어지고 있어요. 미국 뉴욕에서는 2014년부터 70여 개의 식당에서 모은 굴 껍데기를 항구 앞바다에 가라앉혀 새로운 굴이 자라게 하는 프로젝트를 진행하고 있어요. 미국 루지애나주에서는 굴 방파제를 설치한 후 해안 습지의 침식 속도가 절반으로 확 줄었어요. 이 밖에 호주와 네덜란드에서도 해수면 상승과 홍수에 대비하기 위해 굴 방파제를 만들고 있어요.

저탄소 쌀 농법으로 벼를 살려요

우리나라에서는 이산화 탄소 배출량을 최소화하면서 쌀을 재배하는 '저탄소 벼 논물 관리 시범 사업'이 진행 중이에요. 이 사업은 논에 물을 항상 채워 두지 않고 필요한 시기에만 물을 사용해서 벼를 재배해요. 또 농기계를 최소한으로 사용하고, 비료도 적게 써요. 그 결과, 온실가스 배출량이 절반 넘게 줄었고, 물은 4분의 1이나 절약됐어요. 또한 쌀 수확량은 10퍼센트가 늘어났으며 품질도 훨씬 좋아졌어요. 이런 이유로 이 사업은 쌀의 탄소 발자국과 물 발자국을 줄이는 미래의 농사법으로 주목받고 있어요. 하지만 아직 시범 단계라 더 많은 연구가 필요하지요.

옛날부터 우리나라에서 자라던 수많은 토종 벼를 복원하고 재배하려는 노력도 한창이에요. 1970년대에 대량 생산이 가능한 개량종 벼가 개발되면서, 토종 벼는 자취를 감추었어요. 개량종은 기후 변화에 적응이 어려운 단점이 있어요. 반면 토종 벼는 다양한 기후 조건에서도 자랄 수 있어요. 또 토종 벼를 전통 방식으로 재배했더니 생태계가 되살아나는 효과도 나타났어요.

6장
한파와 오렌지 주스

| 미국 |

보나는 소문난 생과일주스 전문점에 갔어요. 오렌지 주스를 주문한 보나는 잔뜩 기대하고 한 모금 들이켰어요. 하지만 오렌지 알갱이도 씹히지 않고 새콤한 맛도 없었어요. 보나가 맛이 이상하다고 말하자 사장님은 당황한 얼굴로 메뉴판을 가리켰어요. 거기엔 '오렌지 수입이 어려워져 당분간 시럽을 사용합니다'라고 적혀 있었어요. 사장님은 미국에 한파가 닥쳐 오렌지가 얼어 버렸다는 얘기도 들려줬어요. 도대체 미국에서는 무슨 일이 벌어진 걸까요?

오렌지가 꽁꽁 얼었어요!

● **텍사스에 불어닥친 한파**

"알려 드립니다. 지금 텍사스주를 비롯한 선벨트(미국 남부의 북위 약 37도 이남의 따뜻한 지역) 7개 주에 비상사태가 선포됐습니다. 이 지역에는 21세기 들어 최악의 겨울 폭풍이 몰아닥쳤습니다. 이번 대한파로 마트의 온열기는 모두 동이 났으며, 특히 텍사스에는 역대급 폭설이 내렸습니다. 뿐만 아니라 각종 설비가 동파되면서 500만 가구에 전력 공급이 중단되었습니다. 일부 지역에서는 수도까지 얼어 버려 많은 어려움을 겪고 있습니다."

거실의 작은 라디오에서 뉴스가 흘러나오고 있었어요.

"세상에나!"

담요를 덮어쓴 채 뉴스를 듣던 트로이는 비명을 질렀어요. 트로이

는 이 모든 게 믿기지 않았어요. 트로이가 사는 미국 텍사스는 사계절 내내 평균 기온이 영상 5~10도일 정도로 따뜻해 눈이 내린 적이 한 번도 없었거든요. 그런데 지금은 엄청난 눈이 내려 꼼짝달싹할 수 없을 지경이 되어 버렸어요.

  문제는 그것만이 아니었어요. 라디오 진행자의 말처럼 정전이 되어서 텔레비전도, 전등도 심지어 냉장고도 작동하지 않았어요. 사용할 수 있는 전자 제품이라곤 자가발전으로 작동되는 작은 라디오와 랜턴이 전부였어요.

  평소 날이 따뜻해 난방용품도 전혀 없었어요. 긴팔 옷을 겹겹이 껴입고 담요를 두 장이나 덮고 누웠지만 추워서 잠이 오지 않았어요. 항상 침대 밑에서 자던 강아지 조이가 어느샌가 트로이의 이불 안으로 쏙 들어왔어요. 그렇게 온 가족이 와들와들 떨며 밤을 지새웠어요.

"으, 아빠! 너무 추워요."

트로이는 지하실에서 막 올라오는 아빠를 향해 말했어요. 아빠는 걱정하는 눈빛으로 트로이를 바라봤어요.

"안 되겠다. 차에 시동을 걸어 히터라도 켜야겠어."

트로이네 가족은 밖으로 나갔어요. 문을 열자마자 온몸에 소름이 돋았어요. 고작 주차장까지 이동하는 데도 발이 눈에 폭폭 빠지는 바람에 걷기가 힘들었어요. 아빠는 눈을 무서워하는 조이를 번쩍 들어 차로 이동했어요.

서너 번의 시도 끝에 겨우 자동차가 부릉부릉 소리를 냈어요. 그리고 한참 만에 히터에서 따뜻한 바람이 쏟아져 나왔어요. 눈이 내리면 마냥 좋을 것 같았는데, 갑작스럽게 닥친 추위가 이렇게 불편한지 트로이는 처음 알았어요. 바깥 온도를 알려 주는 자동차 온도계는 영하 17도를 가리키고 있었어요.

"띠리리리, 띠리리리."

온도계의 숫자를 멍하니 보고 있던 트로이가 전화벨 소리에 정신을 차렸어요. 전화기 너머로 다급한 목소리가 들렸어요. 통화를 마친 아빠는 트로이와 엄마에게 말했어요.

"당장 오렌지 농장에 가 봐야겠어. 지금 농장 상황이 말이 아닌가 봐."

아빠는 차를 빼서 급하게 삼촌네 농장으로 향했어요.

● 오렌지 나무를 따뜻하게 해 줄 방법

"농장에 무슨 문제라도 생긴 거예요?"

"농장이 추위 때문에 엉망이라는구나. 자세한 상황은 가 봐야 알 것 같아."

트로이의 삼촌은 가까운 곳에서 오렌지 농장을 하고 있었어요. 드넓은 농장에는 수천 그루의 오렌지 나무가 있어요. 수확한 오렌지는 주로 다른 나라로 수출하는데, 일부는 트로이 아빠가 가져다가 생과일주스로 만들어 트로이네 카페에서 팔았어요. 맛이 워낙 달고 신선해 오렌지주스는 늘 인기였어요.

농장으로 가는 내내 트로이의 머릿속에 걱정 구름이 뭉게뭉게 피어올랐어요. 아빠는 길이 미끄러워 차를 천천히 몰았어요. 결국 평소보다 한 시간이나 더 걸려 삼촌 농장에 도착했어요. 새하얀 농장 풍경이 너무 낯설었어요. 오렌지 나무 대신 눈이 덮인 크리스마스트리가 빼곡하게 들어차 있는 것 같았어요.

삼촌은 농장 앞까지 나와 있었어요. 아빠와 트로이는 얼른 차에서 내려 삼촌과 함께 농장을 둘러보았어요. 엄마는 숙모를 살핀다며 안채로 향했어요. 눈 덮인 땅에는 군데군데 오렌지가 떨어져 있었어요. 걷는 동안에도 오렌지들이 바닥으로 툭툭 떨어졌어요.

트로이는 얼굴 바로 앞으로 떨어지는 오렌지를 피하려다 발라당 자빠지고 말았어요. 삼촌이 트로이를 일으켜 주며 말했어요.

"괜찮니, 트로이? 오렌지가 어는 바람에 이렇게 뚝뚝 떨어지는구

나. 오렌지는 추위에 약한 과일인데 갑자기 불어닥친 한파에 죄다 얼어버렸단다. 나무까지 얼면 안 되는데…….”

트로이 귀에 '한파'란 말이 쏙 들어왔어요.

"아침 뉴스에서도 한파란 말이 나오던데 그게 뭐예요?"

"한파는 차가운 공기 덩어리가 위도가 낮은 지방으로 몰아닥쳐서 기온이 갑자기 떨어지는 걸 말한단다. 지금껏 텍사스엔 전혀 없었던 기후 현상이라 잘 몰랐을 거야."

말하는 동안에도 삼촌은 오렌지 나무에서 눈을 떼지 못했어요.

"왜 갑자기 텍사스에 한파가 들이닥친 걸까요?"

"지구가 점점 따뜻해져서 그렇단다."

"지구 온난화 말이죠? 그럼 더워져야 하잖아요."

학교에서 배운 지구 온난화로 인한 피해는 빙하가 녹아 바닷물이 많아지거나, 가뭄이 들고 산불이 나는 것이었어요. 고개를 갸웃거리는 트로이에게 삼촌은 차분하게 설명해 주었어요. 북극 주변에는 북극의 찬 공기가 아래로 내려가지 못하게 막는 제트 기류라는 바람이 있는데, 지구가 따뜻해져서 약해졌다고 했어요. 그래서 찬 공기가 이곳까지 내려온 거라고요.

고개를 끄덕이던 트로이가 슬쩍 아빠를 바라봤어요. 아빠는 땅에 떨어진 오렌지를 주워서 살피고 있었어요.

"난로라도 있다면 나무가 얼지 않게 해 줄 수 있을 텐데……."

아빠의 말에 트로이는 갑자기 뭔가가 떠올랐어요. 그리고는 아빠 손을 잡고 담장으로 달려갔어요.

"아빠, 그럼 불을 피우면 되잖아요!"

"불? 그런데 땔감이……."

"이거예요. 담장! 이걸 뜯어서 땔감으로 쓰는 거예요."

트로이는 나무로 만든 담장을 손가락으로 가리켰어요. 아빠가 곧장 담장을 뜯기 시작했어요. 트로이는 담장에서 뜯어낸 나무를 가져다 한쪽에 쌓았어요.

삼촌은 헛간에서 도끼를 찾아왔어요. 그리고는 담장 대신 심어 놓은 작은 나무를 베어 냈어요. 나무가 어느 정도 쌓이자 삼촌이 나뭇더미에 불을 붙였어요. 따뜻한 기운이 주변으로 퍼져 나갔어요. 불 주변의 눈이 점점 녹기 시작하더니, 오렌지 나무에 쌓인 눈이 똑똑 녹아내렸어요. 불을 피우는 동안 마음을 졸이던 트로이는 안도의 한숨을 내쉬었어요.

● 꽁꽁 언 오렌지로 만든 주스

추운 날씨에 밖에서 움직이다 보니 트로이는 금세 지치고 말았어요. 불을 피워도 농장의 모든 오렌지 나무를 살리는 건 불가능할 거 같았어요.

"삼촌, 만약에, 만약에 말이에요. 오렌지 나무가 얼면 어떻게 돼요?"
트로이는 머뭇거리며 삼촌에게 물었어요.

"…… 그럼 나무가 죽는 거지. 죽은 나무는 죄다 베어 내는 수밖에 없어. 그땐 농장도 문을 닫아야 할 거고."

삼촌은 한숨을 길게 내쉬고는 플로리다의 오렌지 농장 이야기를 들려주었어요. 플로리다는 텍사스보다 오렌지를 더 많이 재배하는 곳이었대요. 그런데 한파가 불어닥쳐서 농장들이 문을 닫았고, 사람들도 다른 곳으로 떠났다고 했어요. 트로이는 괜한 걸 물었나 싶었어요.

그때 엄마가 무언가를 들고 왔어요.

"다들 목 좀 축이고 해요. 떨어진 오렌지가 아까워서 만들어 봤어요."

엄마는 오렌지 주스가 든 병 세 개를 내밀었어요. 트로이는 얼른 병을 받아 한 모금 들이켰어요. 그런데 맛이 영 이상했어요.

"주스 맛이 왜 이래요? 평소 먹던 맛이 아니에요."

트로이의 말을 듣고 아빠도 주스를 한 모금 맛봤어요.

"퉤퉤, 이 주스는 카페에서 팔 수 없겠는걸."

나무가 언 것만 신경 썼던 트로이는 깜짝 놀랐어요. 언 오렌지로 만든 주스 맛이 형편없을 거라고는 생각하지 못했거든요. 아빠와 엄마는 걱정스러운 눈빛을 주고받았어요.

그때 다시 눈이 내리기 시작했어요. 삼촌은 꽁꽁 언 트로이의 얼굴을 보며 그만 들어가라고 했어요. 하지만 트로이는 차마 그럴 수 없었어요.

"아니에요. 더 도울래요."

"농장의 모든 나무를 지킬 순 없을 거야. 넌 최선을 다했어."

"나무를 한 그루라도 더 지킬 수 있다면, 오렌지 한 알을 더 지킬 수 있는 거잖아요. 추운 건 참을 수 있어요. 우리 같이 힘을 내요, 삼촌."

트로이의 씩씩한 대답에 삼촌과 아빠는 옅은 미소를 지었어요. 트로이는 손을 호호 불고는 옆에 있는 오렌지 나무를 꼭 끌어안았어요. 따뜻한 기운이 조금이라도 전달되길 바라는 간절한 마음을 담아서요.

한파가 기후 위기 때문이라고?

미국 남부 지역이 한파로 꽁꽁 얼었어요

텍사스주가 있는 미국의 중남부는 여름에는 덥고, 겨울에는 기온이 영상 10도 이하로 잘 떨어지지 않는 온난한 지역이에요. 겨울에도 날씨가 따뜻해 각종 과일과 채소 등 농작물을 재배하기 좋은 조건을 갖추고 있어요. 그런데 2021년 2월 이곳에 최악의 폭설과 한파가 불어닥쳤어요. 하루 이틀도 아니고 2주 동안이나 평균 기온이 영하 17도에 머물렀어요. 거짓말 같지만, 이 시기에는 이곳이 알래스카보다 더 추웠어요.

한파로 전기가 끊긴 후 가스 연료를 구하려 줄 선 텍사스 사람들
ⓒ연합뉴스

강력한 한파는 재난을 몰고 왔어요. 평소 워낙 따뜻한 곳이라 사람들은 겨울옷이 없었어요. 급하게 난로를 사려는 사람들로 마트는 북새통을 이뤘고 난로는 금세 동이 나고 말았어요. 전기 난방 장치가 있더라도 쓸 수가 없었어요. 발전 시설이 얼어 정전이 됐거든요. 수도관이 얼어 물이 안 나오는 곳도 있었어요. 1억 7,000만 명이 추위 속에서 마실 물과 음식을 구하지 못해 고통을 겪었어요.

경제적인 피해도 어마어마했는데, 피해액은 무려 24조 원이 넘었어요. 공장이 멈춰 섰고, 학교에는 휴교령이 내려졌어요. 각종 농작물은 밭에서 얼어 버렸고, 그 결과 농작물 가격은 치솟았어요. 오렌지도 마찬가지였고요. 바다에서는 141마리의 바다거북이 추위에 기절한 채 발견되기도 했어요.

텍사스 한파는 어디에서 시작된 걸까요?

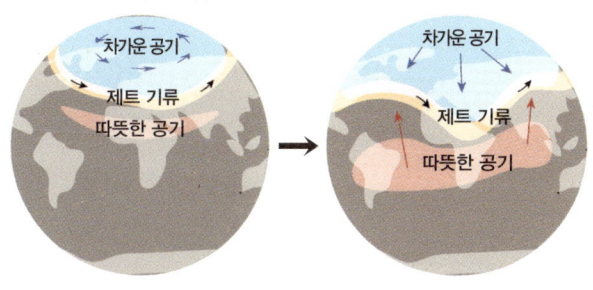

제트 기류가 약해지면 북극의 찬 공기가 내려와요.

한파는 겨울이 있는 곳에서 해마다 겪는 기상 현상이에요. 하지만 텍사스에 불어닥친 한파는 이전에는 볼 수 없던 기상 이변이지요. 이 한파가 불어온 곳은 '북극'이에요. 북극의 찬 공기는 북극을 중심으로 소용돌이치면서 움직여요. 이때 북극의 찬 공기가 아래로 내려오지 못하게 막아 주는 바람이 있는데, 이 바람이 제트 기류예요. 제트 기류는 북극에 있는 차가운 공기와 중위도의 따뜻한 공기의 기압 차이로 생긴 거대한 바람이에요. 그런데 북극이 점점 따뜻해지면서 문제가 생겼어요. 북극과 중위도 지역의 온도 차이가 작아지면서 두 지역의 기압 사이에 균형이 깨져 제트 기류가 약해진 거예요. 그 결과 북극의 찬 공기가 미국 중남부까지 내려와 극심한 한파를 일으킨 거죠.

안타깝지만 북극 온난화로 인한 한파는 앞으로 더 심해지고, 더 자주 일어날 거예요. 북극의 온난화 속도가 다른 곳보다 4배 정도 빠르기 때문이에요. 2030년 여름이면, 북극의 얼음이 전부 사라질 거라는 예측도 있어요.

북극 온난화가 4배나 빠른 이유

흰색 얼음은 빛을 반사하지만, 바닷물은 빛을 흡수해요. 태양 에너지를 반사하던 북극의 얼음이 녹자, 북극해는 더 많은 태양 에너지를 흡수해서 따뜻해지고 있어요. 바다의 수온이 높아지니 얼음은 더 빨리 녹고 있어요. 이런 이유로 북극 얼음의 평균 두께는 지난 50년 동안 절반으로 줄어들었어요.

따뜻한 바다는 많은 양의 수증기를 대기로 뿜어내는데, 이것은 북극을 더 따뜻하게 만드는 원인이 돼요. 또 땅이 항상 얼어 있는 영구 동토층이 녹으면서 그 안에 있던 많은 양의 메탄가스가 대기 중으로 배출되는 것도 문제예요. 메탄가스는 지구 온난화를 일으키는 대표적인 온실가스이기 때문이에요.

한파가 우리나라에도?

2020년부터 2021년 사이 겨울, 전국은 꽁꽁 얼어붙었어요. 보통의 한파와는 차원이 달랐어요. 서울은 35년 만에 가장 추운 영하 18도를 기록했고, 제주에는 처음으로 한파 경보가 내려졌어요. 아침 최저 기온이 영하 12도 이하로 떨어지는 '한파 일수'는 5일이나 계속됐어요. 한파는 폭설까지 몰고 와 제주 어리목에 51센티미터, 울릉도에 35센티미터의 눈이 내렸어요.

한파 피해는 컸어요. 전북의 한 양식장에서는 숭어 37톤이 얼어 죽고, 남해는 바닷물이 얼어 배들이 움직이지 못했어요. 비닐 하우스 속 농작물도 추위에 얼어 버렸어요. 강원도에서는 강물이 얼어 마실 물까지 구하기 어려웠어요.

이 한파의 원인은 영하 50도의 찬 공기가 북극에서 우리나라로 몰려왔기 때문이에요. 미국 텍사스와 마찬가지로 북극 온난화로 제트 기류가 약해져서 나타난 이상 기후였어요. 기상청은 최근 10년간의 평균 한파 일수가 지난 30년간보다 늘어났다고 발표했어요. 또한 기후 변화로 우리나라의 겨울은 점점 짧아지고, 강한 한파는 더 자주 생길 거라고 해요.

오렌지가 사라진다면?

오렌지 주스 가격이 올라요

오렌지 나무는 따뜻하고 일조량이 많은 지역에서 잘 자라요. 기온이 영하 2

이상 기후로 오렌지 나무에 내린 눈

도 아래로 내려가면 열매인 오렌지는 얼어요. 사람으로 치면 동상에 걸리는 거예요. 영하의 날씨가 오랫동안 계속되면 오렌지 나무는 살기 힘들어져요. 더 추워져서 기온이 영하 9도 아래로 떨어지면 오렌지 농장의 나무가 전부 죽고, 더 이상 오렌지를 키울 수 없는 땅이 되고 말아요.

1989년 텍사스주에 이상 기후로 인한 한파가 불어닥쳐 오렌지가 얼어 버렸어요. 이곳 농장에서 재배되는 오렌지의 70퍼센트가 망가지고 말았어요. 이 때문에 오렌지 주스를 만드는 회사도 생산량을 줄여야만 했어요. 생산량이 줄어드니 오렌지 주스 가격은 올랐어요. 이처럼 오렌지 생산에 문제가 생기면, 키우는 농부뿐 아니라 오렌지를 원료로 하는 산업에까지 영향이 미쳐요.

농장이 문을 닫아 마을이 황폐해져요

플로리다주의 볼루시아란 마을은 1894년까지만 해도 1만 개가 넘는 오렌지 농장이 있었어요. 하지만 그해 12월, 한파가 몰려와 기온이 영하 7도까지 떨어지면서 모든 게 바뀌었어요.

어린나무는 얼어 죽고 그나마 큰 나무만 겨우 살아남았어요. 하지만 이듬해 2월 다시 한파가 불어닥쳐 기온이 영하 9도까지 떨어졌어요. 결국 이 한파로 160만 그루가 넘는 오렌지 나무가 죽고, 볼루시아의 오렌지 농장은 모두 문을 닫고 말았어요. 농장을 잃은 농부들은 더 따뜻한 곳을 찾아 떠났어요. 마을은 유령 마을처럼 황폐해졌어요.

| SOS! 지구를 구해 줘 |
한파를 막고, 오렌지를 지켜라!

한파의 원인, 북극 온난화를 멈춰요

예전에 북극해는 얼음으로 뒤덮여 평소에는 배가 오갈 수 없었어요. 하지만 북극해의 얼음이 녹으면서 유럽과 아시아를 오가는 뱃길이 새로 열렸어요. 이 뱃길을 이용하면 유럽에서 아시아까지 가는 시간을 3분의 1 이상 줄일 수 있어요. 이렇다 보니 북극해를 오가는 배들이 점점 많아지고 있어요. 이 배들은 화석 연료를 사용해서 블랙 카본이라는 물질을 배출해요. 블랙 카본은 얼음에 달라붙어 얼음을 더 빨리 녹게 만들지요. 얼음이 빨리 녹으면 북극 온난화가 빨라지고, 한파가 발생하는 악순환이 계속돼요.

그렇다고 희망이 없는 건 아니에요. 북극 온난화의 위기를 늦출 수 있는 방법이 있어요. '클린 북극 동맹'이라는 환경 단체는 북극해를 오가는 모든 배가 청정 연료를 사용하면, 블랙 카본 배출을 44퍼센트까지 줄일 수 있다는 연구 결과를 발표했어요.

또 선박마다 그을음을 걸러 내는 매연 저감 장치를 설치하면 블랙 카본 배출을 최대 90퍼센트까지 줄일 수 있어요. 유엔 산하의 국제 해사 기구에서도 블랙 카본 배출을 줄이기 위해 배에 청정 연료를 사용하라고 권고하고 있어요.

한파를 극복하는 영농 기술

영농형 태양광 ⓒ Σ64

심각한 한파 피해를 입은 플로리다는 오렌지의 생산량을 높이기 위해 많은 노력을 기울였어요.

과학자들은 추위에 강한 새로운 품종의 오렌지를 만들어 냈어요. 농부들은 추운 환경에서도 오렌지를 잘 재배할 수 있는 방법을 찾으려 노력했어요. 그중 하나는 기온이 영하로 내려가면 오렌지 농장에 대형 스프레이로 물을 뿌리는 방법이에요. 물은 얼음으로 바뀔 때 응고열이란 열을 방출하는데, 이 원리를 이용해 오렌지가 어는 것을 예방하는 방법을 생각해 낸 거예요.

농작물의 한파 피해를 줄이는 방법은 우리나라에서도 찾을 수 있어요. 바로 영농형 태양광이에요. 영농형 태양광은 밭 위에 태양광 패널을 설치해 전기를 만들고 패널 아래의 밭에서는 농작물을 재배하는 방법이에요. 이 태양광 패널은 추위를 막아 주는 역할을 해요. 실제로 영농형 태양광 패널을 설치한 녹차밭에서는 한파 때문에 녹차가 어는 피해가 20퍼센트 줄었어요. 농가에서는 농작물의 한파 피해도 줄이면서 태양광으로 만든 전기로 별도의 소득까지 올릴 수 있지요.

7장

해양 온난화와 김

| 대한민국 |

내일은 봄 소풍 가는 날이에요. 지우는 엄마가 만들어 준 캐릭터 김밥을 친구들에게 자랑하려고 소풍날만 손꼽아 기다렸어요. 그런데 마트에 다녀온 엄마는 지우에게 김밥 대신 유부 초밥을 싸 가야 할 것 같다고 말했어요. 마트를 세 곳이나 돌았지만 김이 품절되어 구할 수가 없다고 했어요. 지우는 그 많던 김이 없다는 게 믿기지 않았어요. 도대체 우리나라 바다에서 무슨 일이 일어나고 있는 걸까요?

바다가 뜨거워지면 김이 녹아 버려요

● **우리 동네 뉴스가 뭘까?**

"남해 겨울 날씨는 봄날처럼 따뜻하구나. 이사 오길 잘한 거 같아."

시호는 스마트폰 카메라에 바다 풍경을 담았어요. 파란 바다 위로 햇살이 반짝였고, 1월답지 않게 따뜻한 바람이 불었어요. 시호가 원래 살던 도시의 겨울바람은 오리털 잠바를 뚫고 들어올 정도로 매서웠는데, 남해는 영 딴판이었어요.

기분이 좋아진 시호는 내친김에 바닷가로 성큼성큼 다가갔어요. 그리고는 신발과 양말을 벗어던지고, 바닷물에 발을 담갔어요. 물결이 시호의 발목을 살랑살랑 간지럽혔어요. 까르르 웃던 시호가 뒤를 돌아보니 어느샌가 민준이가 와 있었어요.

"시호야, 뭐가 그렇게 재밌어? 그나저나 숙제는 뭘 하지?"

민준이는 시호의 같은 반 친구예요. 시호와 민준이는 '우리 동네 뉴스 만들기'란 방학 숙제를 같이하게 됐어요. 이번 숙제는 친구와 함께 해야 하는데, 시호는 아직 친한 친구가 없었어요. 이사 온 지 얼마 안 돼 남해에 대해 아는 것도 없었고요. 곤란해 하는 시호에게 민준이가 손을 내밀었어요. 시호는 민준이가 너무나 고마웠어요. 오늘은 둘이 만나 동네 뉴스거리를 찾아보기로 한 첫날이에요.

"민준아, 여기는 원래 겨울에도 이렇게 따뜻해? 내가 살던 데랑 너무 달라서……. 이런 것도 뉴스거리가 되려나?"

"글쎄……."

시호의 질문에 민준이가 생각에 잠겼어요.

"바닷물이 따뜻해져서 겨울에도 수영할 수 있다면 정말 좋겠다."

"꼭 좋은 일만 있는 건 아니야. 김 양식장에 가 보면 그런 말이 쏙 들어갈 거야. 요즘 바닷물이 따뜻해져서 우리 마을에 안 좋은 일이 많이 생겼거든."

민준이의 말투엔 걱정이 가득 묻어 있었어요.

"그래? 무슨 일인데? 아니, 그럴 게 아니라 바닷물이 따뜻해져서 일어난 일로 뉴스를 만들면 어때?"

"그거 좋은 생각이다. 요즘 부모님이 김 양식장의 김이 다 죽어 가고 있다고 했어. 거기부터 가 보자."

시호와 민준이는 내일 민준이네 김 양식장에 가기로 했어요. 텔레비전 뉴스처럼 스마트폰으로 동영상을 찍어 숙제를 할 작정이에요.

● 아이스크림처럼 김이 녹는다고요?

다음 날 아침, 시호는 민준이네 배가 있는 작은 항구로 갔어요. '남해호'라고 적힌 배 앞에 민준이와 민준이 아빠가 기다리고 있었어요. 민준이 아빠는 시호를 반갑게 맞아 주셨어요.

"네가 시호구나. 바닷물이 따뜻해져서 생기는 일이 궁금하다고? 그럼 함께 가 볼까?"

시호와 민준이가 배에 올라탔어요. 배는 기다렸다는 듯이 통통통 소리를 내며 움직였어요. 항구를 빠져나온 배는 넓은 바다로 미끄러져 나갔어요.

"저기 작은 바위섬 옆으로 둥둥 떠 있는 부표들 보이지? 저곳이 김 양식장이야."

민준이 아빠가 가리킨 곳에는 나란히 줄을 맞춰 선 부표가 끝도 없이 펼쳐져 있었어요. 시호의 눈이 동그래졌어요. 시호는 얼른 스마트폰을 꺼냈어요.

"유치원 다닐 때 김이 없으면 밥을 안 먹을 정도로 김을 좋아했어요. 김이 자라는 곳에 오니 너무 신기해요."

시호가 동영상을 찍는 사이 배가 김 양식장에 도착했어요. 민준이 아빠는 시호와 민준이가 잘 볼 수 있게 김발을 들어 올렸어요. 마치 구멍이 큰 그물을 길게 늘어놓은 듯한 김발에는 검붉은 김이 듬성듬성 달려 있었어요. 시호가 고개를 갸웃했어요.

"아저씨, 뭔가 비어 보이는데, 원래 이런 거예요?"

"제대로 자랐다면 머리카락처럼 검붉은 김이 김발에 잔뜩 달려 있었을 거야. 지금은 김이 녹아내려서 김발이 텅 비어 버렸단다."

"김이 녹아요? 아이스크림처럼요?"

시호는 놀라서 하마터면 스마트폰을 바다에 빠뜨릴 뻔했어요. 민준이 아빠가 웃음을 터트렸어요.

"하하. 아이스크림이라니, 엉뚱한데? 김은 원래 찬 바닷물에서 잘 자라. 그런데 수온이 높아지면서 김 포자(포자식물이 생식을 위해 만드는 세포)가 김발에서 떨어지거나 녹아 없어지고 있단다."

시호는 민준이 아빠가 하는 말을 하나도 놓치지 않고 스마트폰에 담왔어요. 시호는 학교에서 배운 걸 떠올리며 물었어요.

"아저씨, 바닷물이 따뜻해지는 게 지구 온난화 때문이에요?"

"그렇단다. 지구 온난화로 생긴 열은 대부분 바다가 흡수하지. 그래서 바닷물이 점점 따뜻해지는데 이걸 해양 온난화라고 부른단다. 한 번 따뜻해진 바닷물은 쉽게 식지 않아서 더 문제야. 따뜻한 바닷물은 지구 곳곳을 돌며 강력한 태풍, 폭우와 같은 기상 이변을 일으키고 있거든."

옆에서 가만히 듣던 민준이가 말했어요.

"아빠, 김 양식장 말고 삼촌네 다시마 양식장도 수온이 높아져서 문제가 생겼다고 들었어요. 맞아요?"

"내친김에 삼촌네 다시마 양식장까지 가 볼까? 지금 한창 일하는 중일 텐데. 그 모습을 보면 해양 온난화의 심각성을 생생하게 느낄 수 있을 거야."

두 아이는 망설임 없이 가겠다고 대답했어요. 민준이 아빠는 배를 몰아 더 먼 바다로 나갔어요. 어제처럼 따뜻한 바닷바람이 불었지만, 시호는 마냥 좋지 않았어요. 좀 전에 보았던 김발이 눈에 아른거려 마음이 무거웠어요.

● 바다가 사막처럼 변하고 있어요

"삼촌, 삼촌! 저 왔어요!"

시호와 민준이가 탄 배가 다시마 양식장에 도착했어요. 하지만 양식장 사람들은 밧줄에서 다시마를 떼어 내느라 아무도 뒤를 돌아보지 않았어요. 민준이가 삼촌을 여러 번 부르고 나서야 한 사람이 뒤를 돌아봤어요. 민준이 삼촌 얼굴은 땀범벅이었어요.

민준이 삼촌은 누렇게 변한 다시마를 걷어 내고 있다고 했어요.

그 말을 듣고 보니 시호가 원래부터 알고 있던 다시마 색이 아니었어요. 누렇거나 하얗게 된 다시마들이 바닷물에 흔들리고 있었어요.

"삼촌, 다시마가 누렇게 된 원인이 바닷물이 따뜻해졌기 때문이에요? 우리 집 김처럼요?"

"여러 이유가 있지만 그게 가장 큰 이유란다. 원래 이런 현상은 가을에 주로 생기는데, 한겨울에 생긴 건 처음이구나. 바다 사막화가 심해지는 모양이야."

민준이 삼촌은 얼굴의 땀을 닦으며 바닷속이 사막처럼 황폐해지는 '바다 사막화'에 대해 설명해 주셨어요. 바닷물 온도가 오르면서 김, 다시마 같은 해조류가 죽고, 결국에는 바다에 어떤 생물도 살 수 없게 된다고 했어요.

"그럼 소풍 때 김밥도 못 먹고, 생일에 미역국도 못 먹어요?"

시호는 김을 먹지 못하게 될까 봐 더럭 겁이 났어요.

"안타깝게도 그렇단다. 또 바다의 기후 변화를 막아 주는 해조류가 사라지면, 기후 변화가 더 빨라질 수밖에 없단다."

시호는 바닷물이 따뜻해지는 일이 더 심각하게 느껴졌어요. 숙제를 마친 시호와 민준이는 그냥 돌아갈 수가 없었어요. 누가 시키지도 않았지만, 두 아이는 팔을 걷어붙이고 다시마 떼는 걸 도왔어요.

어느덧 해가 뉘엿뉘엿 지고 있었어요. 시호는 항구로 돌아가는 배 안에서 하루 종일 마음에 담아 두었던 말을 꺼냈어요.

"민준아, 미안해. 어제 내가 바닷물이 따뜻해서 좋다고 말했던 거

사과할게. 이런 일이 일어나고 있는 줄은 꿈에도 몰랐어. 그리고 이번 숙제 너랑 같이하길 정말 잘한 거 같아. 고마워."

"시호야, 어떻게 하면 기후 변화를 막을 수 있을지 같이 찾아볼래?"

시호는 대답 대신 고개를 크게 끄덕여 보였어요. 시호와 민준이는 아름다운 남해를 사막이 아닌 오아시스로 만들자고 굳게 약속했어요.

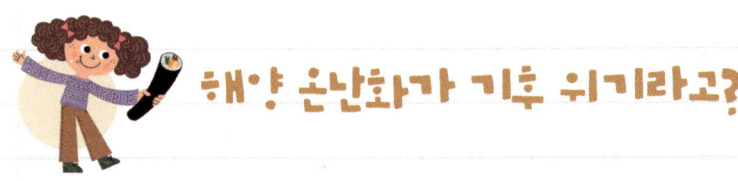
해양 온난화가 기후 위기라고?

지구의 열을 가장 많이 흡수하는 바다

지구 표면의 70퍼센트를 차지하고 있는 바다는 어마어마한 양의 바닷물로 채워져 있어요. 바닷물은 데우기가 어렵지만 따뜻해지면 잘 식지 않는데, 이것을 '비열이 크다'라고 말해요. 바닷물은 비열이 커서 공기보다 더 많은 양의 열을 흡수할 수 있어요. 무려 1,000배나 많은 열을 저장하지요.

이런 특성 때문에 바다는 지구 온난화로 생긴 열의 93퍼센트를 흡수해요. 매년 바다가 흡수하는 열의 양은, 전 세계의 모든 사람이 하루 종일 쉬지 않고 전자레인지를 100개씩 사용하는 열에너지와 맞먹어요. 2020년 한 해 동안 바다가 흡수한 열에너지를 계산했더니, 1초에 4개의 원자 폭탄이 폭발한 것과 같은 수준이었어요.

바다는 이렇게 흡수한 열 때문에 점점 뜨거워지고 있어요. 바닷물 온도가 높아지는 걸 '해양 온난화'라고 불러요. 지난 50년 사이에 한반도의 바닷물 온도는 1.2도 높아졌어요. 같은 기간 전 세계의 바닷물 온도가 0.5도 상승한 것에 비하면, 두 배가 넘게 오른 거예요. 바닷물 온도가 1도 오른 것은 육지로 치면 10도 이상 온도가 오른 것과 같아요. 기후 변화와 해양 온난화는 서로 영향을 주고받으며 세계 곳곳에서 이상 기후를 일으키고 있어요.

바닷물 온도가 오르면 바닷속이 사막이 된다고요?

바다에도 육지처럼 숲이 있어요. 육지와 가까운 암반에는 다시마, 미역 같은 해조류가 빽빽하게 붙어 자라는데, 이것을 '바다 숲'이라고 불러요. 바다 숲은 바다 생물이 알을 낳고 새끼를 기르며 사는 터전이자, 먹이 창고예요.

바다 사막화로 황폐해진 바닷속

그런데 해양 온난화가 진행되고, 바다가 오염되면서 바다 숲이 점점 파괴되고 있어요. 이런 현상을 '바다 사막화'라고 해요. 갯녹음 또는 백화 현상이라고도 부르지요.

우리나라는 1980년대에 제주와 남해안 일부 지역에서 바다 사막화가 처음 발견됐어요. 바다 사막화는 지금 동해 북부 해안까지 번졌어요. 예전보다 범위도 훨씬 넓어져 여의도보다 70배나 더 큰 지역이 사막처럼 변했어요. 또한 매년 축구장 1,680개와 맞먹는 면적이 황폐해지고 있어요. 바다 사막화는 우리나라뿐 아니라 세계의 바다에서 진행되고 있어요.

해양 온난화가 오스트레일리아에도?

산호초가 사라지면, 결국엔 사람들도 굶주리게 돼요.

오스트레일리아의 그레이트배리어리프는 세계에서 가장 큰 산호초 군락이에요. 우주에서도 보일 정도로 크지요. 지구상에서 가장 오래되고, 커다란 생명체라 세계 자연 유산으로 보호받고 있어요.

최근 이곳의 산호들이 급격히 죽어 가고 있어요. 가장 큰 원인은 해양 온난화예요. 산호는 바닷물 온도가 2~3도만 올라가도 곧바로 영향을 받을 정도로 온도에 민감해요. 이것은 비단 그레이트배리어리프만의 문제는 아니에요. 지난 30년 동안 세계 산호초의 절반이 사라졌어요. 전문가들은 2050년이 되면 90퍼센트가 넘는 산호초가 없어질 거라고 해요. 지금보다 해양 온난화가 더 심해진다면 산호초 전체가 사라질 위기에 놓여요.

산호초가 사라지면 바다에서 얻을 수 있는 식량도 사라져요. 산호초에는 물고기와 연체동물, 해면동물, 갑각류 등 다양한 바다 생물이 살고 있기 때문이에요. 산호초가 사라지면 산호초에 사는 바다 생물을 먹는 5억 명의 사람들이 굶주리게 될 거예요.

김이 사라진다면?

어부들이 피해를 입어요

우리나라는 약 400년 전부터 바다에서 김을 양식할 정도로 김을 즐겨 먹었어요. 김은 자라는 데 적정한 온도가 있어요. 특히 겨울 철 바다 수온이 중요한데, 이때 온도가 조금이라도 높으면 김에 영양분이 충분히 공급되지 않아 병이 생겨요.

2020년 2월에는 부산 앞바다의 수온이 예년보다 3도나 높은 해양 온난화 현상이 나타났어요. 이 때문에 부산의 김 양식장에 갯병이 발생했어요. 김이 갯병에 걸리면 색깔이 변하고 김발에서 떨어져 나가거나 녹아서 없어져 버려요. 김 수확량이 크게 줄어들어 어민들은 큰 피해를 입고 김 공급도 원활하지 못하게 되지요. 부산뿐만 아니라 우리나라의 김 양식장에서는 해마다 겨울이면 갯병이 생기고 있어요. 다시 바다 온도가 떨어지기를 바라는 것밖에는 할 수 있는 일이 없어서 더 안타깝지요.

기후 변화가 더 빨라져요

해조류는 이산화 탄소를 흡수하고, 바다 생물의 먹이가 돼요.

해양 온난화로 김, 미역, 다시마, 우뭇가사리, 파래와 같은 해조류가 병들어 사라지고 있어요. 해조류가 사라지면 바다에는 어떤 일이 벌어질까요?

해조류는 바닷속에서 광합성을 하면서 이산화 탄소를 흡수하고 산소를 제공하는 중요한 역할을 해요. 이산화 탄소는 기후 변화를 일으키는 대표적인 온실가스예요. 해조류가 흡수하는 이산화 탄소의 양이, 육지의 나무가 흡수하는 양보다 훨씬 많아요. 예를 들어 우리 바다에 사는 해조류인 구멍갈파래는 단풍나무보다 세 배나 많은 이산화 탄소를 흡수한다고 해요.

해조류가 사라지면 이산화 탄소는 그대로 대기 중에 남게 돼요. 그러면 지구는 점점 더워지고, 기후 변화는 더 빨라질 수밖에 없어요.

| SOS! 지구를 구해 줘 |
해양 온난화를 막고, 김을 살려라!

5월 10일은 바다 숲을 만드는 '바다 식목일'

바다 식목일에 해조류를 바다에 심고 있어요. ⓒ연합뉴스

매년 5월 10일은 바다 식목일이에요. 2013년 우리나라는 세계에서 최초로 바다 식목일을 만들었어요. 황폐해지는 바닷속 생태계를 알리고, 건강한 바다 숲을 만들기 위해 기념일을 정한 거예요. 이날 해양 수산부와 지방 자치 단체는 바다 숲 조성을 위해 전국 연안의 바닷속에 해조류를 심어요. 또한 해조류를 심는 데 그치지 않고, 해조류가 잘 자랄 수 있도록 계속 바닷속 쓰레기를 수거하면서 관리해요.

그런데 왜 바다 숲을 만들어야 할까요? 바다 숲이 바다 사막화를 막는 가장 좋은 방법이기 때문이에요. 또한 바다 숲은 바닷속 생태계를 건강하게 유지해 주는 역할을 해요. 해조류는 바다에 사는 생물에게 먹이를 제공할 뿐 아니라 사는 터전이 되어 줘요. 물고기들은 해조류에 알을 낳고, 알에서 태어난 새끼들은 해조류를 보금자리 삼아 살거든요.

또 해조류는 지구 온난화를 막아 주는 고마운 존재예요. 바닷물에 녹은 온실가스의 10퍼센트를 바다 숲이 흡수하고 있어요. 해조류가 광합성을 하면서 만들어 낸 산소로 바다 생물들은 숨을 쉴 수 있어요. 뿐만 아니라 바닷속 오염 물질을 정화하는 일도 바다 숲이 하는 역할이에요.

김을 살리는 새로운 김 농사법

우리나라의 김 양식장

김을 양식할 때 김 포자를 김발에 붙이는 작업을 '채묘'라고 불러요. 여러 겹으로 겹친 김발 위에 김 포자를 올린 다음, 비닐로 싸서 바다에 띄우면 김발에 포자가 달라붙으면서 김이 자라요. 이 일은 옛날부터 겨울철에 바다에서 하는 작업이라 힘이 많이 들었어요. 또한 이 방식으로 김 농사를 지으면 바닷물 온도가 조금만 높아져도 쉽게 갯병이 생겼어요.

우리나라에서는 이런 어려움을 극복하기 위해 새로운 김 농사법을 개발했어요. 바다가 아닌 육지에서 채묘 작업을 하고, 김발을 감은 물레를 돌리면서 김 포자를 김발에 붙이는 방식이에요. 기계로 하기 때문에 힘은 덜 들고, 김발에 골고루 포자를 붙일 수 있어서 더 효율적이에요.

이 농사법으로 갯병의 피해도 줄일 수 있어요. 갯병이 생길 정도로 바닷물 온도가 오르면 김발을 육지로 옮겨서 냉동 시설에 보관하면 되거든요. 낮은 온도에서 잘 자라는 김의 특성을 이용해서 김발을 영하 35~40도인 곳에 두는 거예요. 바닷물 온도가 떨어졌을 때 냉동된 김발을 꺼내 바닷물에 담가 놓으면 김 이파리가 다시 자라나요. 이 방법으로 농가는 품질 좋은 김을 더 많이 생산할 수 있어요. 또한 노동력과 비닐 쓰레기를 줄일 수 있는 장점도 있어요.

식탁 위의 기후 위기

1판 1쇄 인쇄 2023년 3월 20일
1판 3쇄 발행 2024년 10월 1일

글 강미숙
그림 문구선
발행인 손기주

편집팀장 권유선
편집 장효선 **디자인** 썬더키즈 디자인팀
인쇄 길훈 씨앤피 **세무** 세무법인 세강

펴낸곳 썬더버드
등록 2014년 9월 26일 제 2014-000010호
주소 경기도 의왕시 정우길47. 2층
ISBN 979-11-90869-67-6 (73590)
전화 02 6368 2807 **팩스** 02 6442 2807

값은 뒤표지에 있습니다. 잘못된 책은 구입하신 곳에서 바꾸어 드립니다.
썬더키즈는 썬더버드의 아동서 출판브랜드입니다.